さらば、男性政治

三浦まり
Mari Miura

Eurus
Notus
Boreas
phyrus

岩波新書
1955

はじめに

日本はいま過渡期にある。ジェンダー平等後進国であるとの認識が広く共有され、ジェンダー平等な社会にしていこうという推進力が働いている。ほんの数年前と比較しただけでも、ジェンダーギャップという言葉の浸透ぶりには驚かされる。特に若い世代のジェンダー感覚は鋭い。

しかしながら、最後の砦ともいえるのが永田町だ。永田町が変化を拒むがゆえに、ジェンダー平等な社会を支える法的基盤の整備は遅れたままである。その象徴が女性政治家の少なさである。

本書は「男性政治」の観点から、日本政治の構造に切り込み、なぜ性別均等な議会が実現しにくいのか、どのように変革の道筋をつけるのかを論じたものである。政治を論じるうえで女性に焦点を当てると、女性自身がもっと努力をしなければならないかのような印象を与えてしまう。しかし、変えるべきは現在の権力構造であり、それが男性化していることが問題なのだ。だからこそ、「男性政治」の構造、機能、作用を解明し、どうしたら変革できるかの戦略を練る必要がある。

ここでいう男性政治とは、男性だけで営まれ、新規メンバーも基本的には男性だけが迎え入れられ、それを当たり前だと感じる政治のあり方である。健康で、異性愛で、ケア責任を免れていることが参入の条件となる。たまには女性の参入も許されるが、対等な存在としては扱われない。男性のなかには序列が作られ、男性性の強さは序列に影響を与える。男性らしくない男性は一人前とみなされないか、場合によっては排斥される。

つまりは、男性政治の担い手となる男性もいるが、それを拒否する男性も存在し、自ら組み込まれようとする女性もいる。男性政治とは、決して「男性」対「女性」の政治を意味するわけではない。

男性ばかりで占められるお馴染みの景色を変えていくには、女性議員をもっと増やさなくてはならない。しかし、それは最終目標ではなく、通過点に過ぎない。ジェンダー平等で多様性のある政治の実現に向けて、男性政治を壊す女性議員が増えていけば、女性も男性もマイノリティも、あらゆる人が自由で生きやすい社会になっていくだろう。そこに到達するまでの道のりは決して平坦ではないが、登るべき山がどこにあるのかがわかれば、自分がすべきことも見えてくる。本書がその導きになれば幸いである。

目　次

第1章 男性ばかりの政治

女性はどこにいるのか？

日本の政治にはほぼ男性しかいない。この見慣れた風景はいつまで続くのだろうか。男性だけで営まれる政治を、二一世紀においてもなお「民主主義」と呼んでいいものか疑問に思う。

二〇二二年七月末現在、衆議院議員の女性割合は九・九％、参議院は二五・八％であり、地方議会(二〇二一年末現在)は一五・一％である。二〇一八年に「政治分野における男女共同参画の推進に関する法律(候補者(男女)均等法)」が施行され、女性議員を増やす機運は高まったが、二〇二一年一〇月の衆議院選挙では女性当選者は前回より二人減って、九・七％に落ち込んだ。一割に満たない状況が続くことになっただけではなく、まさか減ることになるというのは、いかに政治を変えることが難しいのかを物語る。

その直前の九月には自民党の総裁選が実施され、二〇〇八年の小池百合子以来、一二年ぶりに女性が立候補にこぎつけた。それも一人ではなく、野田聖子と高市早苗の二人が名乗りをあげた。前年の総裁選では女性は一人も立候補できなかったが、そのこと自体が報道の対象となり、自民党の男権政治ぶりが批判された。

自民党は女性のいない総裁選を長年繰り広げており、永田町ではそれが「当たり前」の光景だった。しかし、二〇二〇年には女性がいないことが世間の注目を惹き、二〇二一年には女性候補を出さないとまずいと自民党幹部が思うぐらいに、世論は変化していた。衆院選後に実施された立憲民主党の代表選挙には西村智奈美が立候補した。女性が代表選に出ることを「当たり前」にしようとする政党の変化を感じ取ることができる。

しかし、世論の変化が女性議員の増加に直結するわけではなかった。なぜ永田町は頑なまでに変化を拒むのだろうか。なぜ「男性政治」が続くのだろうか。

男性政治とは、男性だけでモノゴトを決め、新しいメンバーには男性だけを迎え入れ、それを特におかしいと思わない政治のあり方である。男性政治において女性の参入もたまには認められるが、男性と対等なメンバーとしては扱われない。男性政治の主たる担い手は、健康で、異性愛で、ケア責任を担わず、ほぼ全ての時間を政治に用いることのできる男性だが、男性でも男性政治に抗う人はいるし、女性でも組み込まれる人はいる。

女性が権力を持つことを有権者が望んでいないという声も聞く。だから女性議員が増えないのだし、そもそも増えない方がいいかもしれない、と。なぜなら、男性が繰り広げる権力闘争から女性は距離を置くべきで、外側から批判すれば十分である、汚いことに手を染めるべきではないからだという。しかしながら、権力を男性たちが掌握し続けることによって、女性たちには多くの不利益がもたらされてきた。女性だけではなく、支配的な男性性から逸脱する男性や性的マイノリティ、障がい者もである。そうであるならば、現在の権力構造を組み替え、これまで抑圧されたり周縁化されたりしてきた人たちの声が反映されるような政治を生み出さなければならない。女性の政治参画は、男性政治に女性も参加させてもらうためではなく、男性政治を打破するために必要だ。どうしたらそれが可能になるのだろうか。

　フェミニスト国際政治学者のシンシアー・エンローは「フェミニスト的好奇心」を働かせて、女性がどこにいて、どこにいないのかを見つめ、その理由を探り出すことで家父長制の構造が見えてくると説く。男性が占める場所には権力が存在し、女性は常に権力から遠い場所に追いやられているからである。権力の構造というものは極めてジェンダー化されている。なぜそうなのかを探究するには、まずは「フェミニスト的好奇心」でもって、女性はどこにいるのかを見ていこう。

権力の座に女性はいない

日本では女性議員が少ないだけではなく、閣僚にも首長にも少ない。もちろん、女性の首相はまだ誕生していない。

　女性閣僚が過去最多だったのは小泉内閣と第二次安倍内閣での五人であるが、そうした例外を除けば二―三人の相場がここ二〇年間維持され続けた。「女性活躍」を掲げようとも、「新しい資本主義」を謳おうとも、女性に重責を担わせる意思がないことは明白である。自民党政権だけではなく、民主党政権においてもこれは変わらない。大臣ポストを見ても、女性が就くのは法務大臣、環境大臣、総務大臣、外務大臣、少子化・男女共同参画・女性活躍担当大臣などが多い。最も重責であるといえる財務大臣はいまだ誕生していない。官房長官も今ほどの重要性は与えられていなかった時代に森山眞弓(第一次海部内閣)がいるだけである。つまりは権力的な地位になればなるほど女性は不在なのである。

異彩を放つように見えるのが防衛大臣かもしれない。小池百合子が第一次安倍内閣で、稲田朋美が第三次安倍内閣で登用された。また自民党四役では、小池百合子と野田聖子が総務会長、高市早苗が三度の政調会長に就任している。もっともこれらの登用も権力の所在が自民党から官邸へと移行し、かつ首相・官邸が直接的に外交安全保障政策の決定に携わるようになったという文脈で生じたことに留意が必要だろう。重責を担うポストに女性が登用されたのは、権力が別の場所に移動したからかもしれないからだ。実際、総裁選や閣僚ポストの配分に大きな影響力を及ぼす派閥の領袖に女性はおらず、税制改正に実質的影響力を握るといわれる自民党税制調査会にもいない。

女性首長を見てみると、二〇二二年一〇月現在で知事は東京都の小池百合子と山形県の吉村美栄子の二人のみ、割合で四・三％である。市区町村長は四三人で割合はたったの二・五％である。歴代知事を見ても、大阪府の太田房江、熊本県の潮谷義子、千葉県の堂本暁子、北海道の高橋はるみ、滋賀県の嘉田由紀子だけであり、まだ七人しか誕生していない。政令指定都市の市長では仙台市の奥山恵美子と郡和子、横浜市の林文子だけである。

実権を握る役職に女性が辿り着くには、まだ多くの時間がかかりそうだ。そうなるためには、現在の権力構造が変わらなければ無理だからである。同時に、男性政治が変わらないなかでひとりの女性がポストを得たとしても、男性政治を変えるまでには至らない。女性首相が誕生しても同じことである。構造の問題であり、どのようなスーパーウーマンであってもひとりでそれを変革することはできないからだ。だからこそ、本書ではその構造を解き明かし、どのように変えていけるのかを示したい。

ジェンダーギャップ指数一二一位(二〇二〇年)の衝撃

女性がいないことが取り沙汰されるようになったのは最近だと述べた。画期となったのは、二〇一九年末に発表された二〇二〇年版の日本のジェンダーギャップ(男女格差)指数であろう。この年、日本のランキングは前回一一〇位から一一位ダウンして、一二一位だったというニュースが広く報じられた。この衝撃によって、日本のジェンダー不平等は隠すことのできない事実としてようやく直視されるようになったのである。

今でこそ多くの人が知ることになったジェンダーギャップ指数であるが、これはダボス会議で知られる世界経済フォーラムが二〇〇五年から算出している指標である。経済成長のためには女性の就労が必要であり、世界的な男女格差の解消は経済にプラスの効果をもたらすという関心から指標化され、毎年公表されている。二〇〇六年からは経済、教育、健康、政治の領域における男女比率を指標化している。対象国が年々増加しているので、相対的な地位を表すランキングの見方には注意が必要だが、日本の順位は基本的には下がり続けている。調査対象国が増えるたびに、日本より男女格差の少ない国が含まれるため、そのような事態となっている。

二〇〇六年は一一五カ国中八〇位であったが、二〇〇九年は一三四カ国中一〇一位に下がり、その後も一〇〇位前後で推移する。二〇一六年に一四四カ国中一一一位と大きく落ち込み、二〇一九年末に発表された二〇二〇年版では一五三カ国中一二一位という過去最低の順位を記録し、様々なメディアで「ジェンダーギャップ指数一二一位」という見出しが踊ることになった（二〇一九年末に公表された結果は二〇二〇年版となっており、二〇一九年版は存在しない）。翌二〇二一年では一二〇位、二〇二二年では一一六位と、やはり足踏み状態の日本が映し出される結果となっている。

日本のランキングが低い理由は、政治と経済において男女格差が大きいからである。特にリーダーの地位に就く女性が少ないことが全体の足を引っ張っている。政治分野は下院（日本の衆

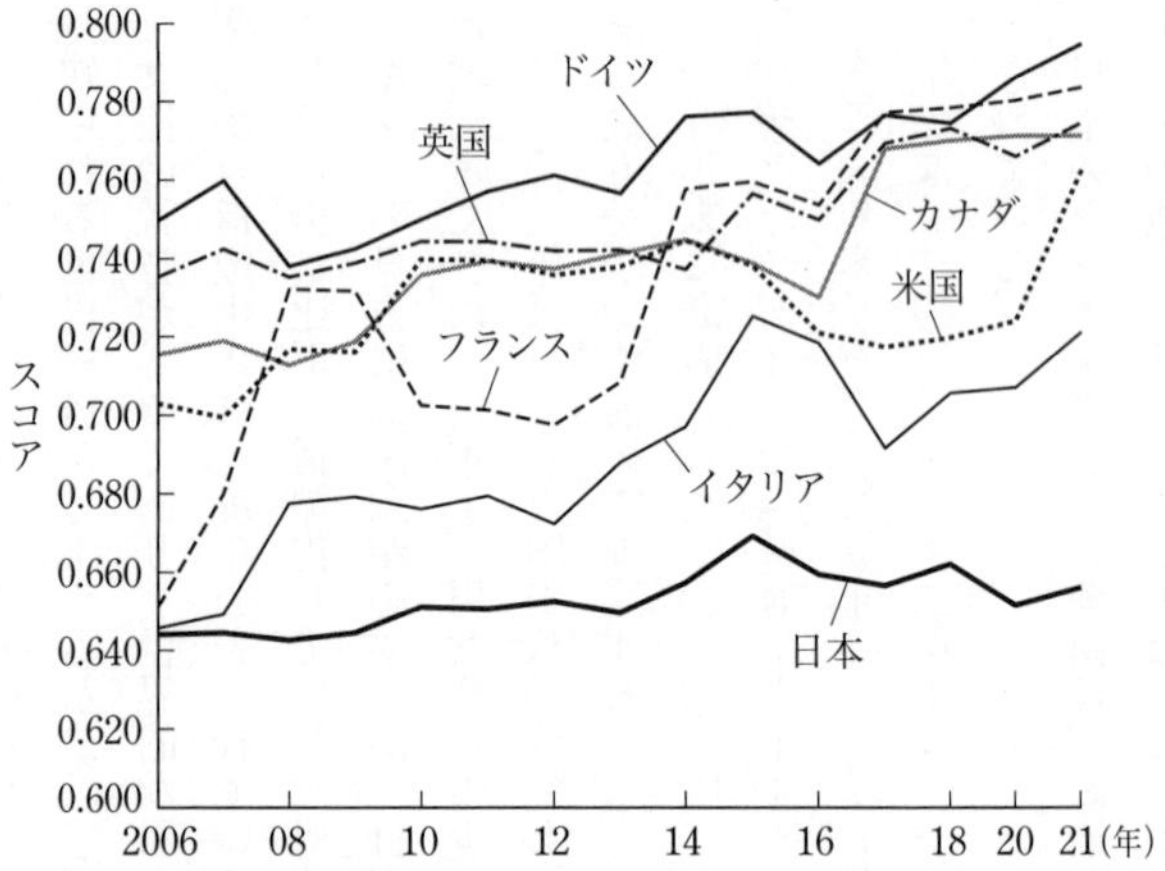

図表1　ジェンダーギャップ指数の変遷（G7 各国）

出典：『共同参画』2021 年 5 月号，8 頁．
注：2018 年までは公表年のレポートが公表されていたが，2019 年公表分は「GGGR 2020」となり，2020 年のインデックスとして公表されたため，年の数字が連続していない．

議院に該当）における女性割合、閣僚の女性割合、女性首脳の在任期間によって測定される。二〇二二年版では、女性議員割合が九・七％、女性閣僚が一〇％、首相はゼロである。このため政治分野では一三九位となった。

国際ランキングは相対的なものなので、その数字に一喜一憂することにはあまり意味がない。むしろ指数そのものに着目し、日本がどの程度変化をしたのかを確認することが有意義だ。図表1はG7各国の指数を比較したものである。二〇〇六年には日本、イタリア、フランスはほぼ同じ水準であったが、日本がほとんど変化を見せなかったのに対して、イタリア、フランスは改善させたことがわかる。〈変わらない日本〉を象徴するグラフだ。

図表2はG7諸国と隣国の韓国に、ジェンダーギャップ指数一位のアイスランド、五位のスウェーデンを加えて、二〇二一年の指数から二〇〇六年の指数を単純に引いた上昇幅を並べたものである。日本は一一五カ国中一〇六位の上昇幅であり、ワースト一〇に入る。現在の順位が低いだけではなく、一五年間で改善した兆しもほとんど見られないというのが特徴となっている。他方、同じワースト一〇に入るスウェーデンの場合は、現在は五位である。上昇幅は日本と大差なくても、そもそも高水準だったためであり、日本が改善しなかったこととは意味がまったく異なる。現在一位のアイスランドは上昇幅でも七位である。先ほどのフランス、イタリアだけではなく、韓国も努力の跡が見られる。

ジェンダー不平等を測定する方法には様々なものがあり、世界経済フォーラムのジェンダーギャップ指数を絶対視することは問題であるが、日本におい

図表2　ジェンダーギャップ指数の上昇幅ランキング（115カ国中．2006–21年）

	上昇率の順位	2021年の順位	上昇幅
フランス	3	16	0.132
アイスランド	7	1	0.111
イタリア	25	63	0.075
韓国	28	102	0.071
アメリカ	44	30	0.059
カナダ	49	24	0.056
ドイツ	61	11	0.044
イギリス	68	23	0.038
日本	106	120	0.011
スウェーデン	107	5	0.009

出典：Global Gender Gap Report 2021 の Table1.1 より筆者作成．

てこの指標が広く知られ、特に永田町、霞が関、メディアにおいて常に参照されるようになった現象自体には意味がある。日本がジェンダー平等後進国であることはもはや論をまたず、ジェンダー平等の推進は国家目標となり、その達成度について社会的監視の目が届くようになったからだ。とりわけ政治領域の指標はどの程度本気で女性を登用するのかの政治的意志が端的に可視化されるため、政権は毎年説明責任を負うようになってきた。

もっとも、世界経済フォーラムのジェンダーギャップ指数は日本の教育面での男女格差を見えにくくする。初等・中等教育までは格差が小さいからだ。畠山勝太が指摘するように、四年制大学、特にトップスクール、大学院、理系への女子の進学率が低いことにもっと光を当てるべきだろう。教育の男女格差は意思決定におけるそれにも繋がるものである。

ジェンダーギャップはあらゆる領域で測定が可能である。文化・芸術、スポーツ、学会、ボランティア、町内会などの市民社会、あるいは行政においては審議会、防災会議、公務員、校長といった様々な領域において男女比が可視化され、その偏りが問題視されるようになってきた。男女比を測定することはジェンダー統計と呼ばれ、ジェンダー不平等解消におけるオーソドックスかつ重要な手法である。極めてシンプルで論争の余地のないジェンダーギャップ(男女比)の数値が明らかになることで、多くの人が改めて日本社会が男性中心であることを実感し、おかしいと思うようになってきたのではないだろうか。ジェンダーギャップ指数の認知度が高まることがジェンダー平等の推進力を生み出している。

女性の政治参画はどこまで進んだか？——世界の動向

政治の話に戻ろう。なぜ日本の政治は女性の政治参画という民主主義にとって重要な点において、ここまで停滞してしまったのだろうか。そのことを探るためにも、もう少し世界の動向を見ておこう。

図表3は主要国の女性国会議員割合の変遷を見たものである。一九九〇年代までは総じて女性割合が低く、日本が突出して低かったわけではない。例外はスウェーデンであり、早くから女性の政治参画を実現し、着実に改善を重ねている。ほかの北欧諸国も似たような傾向である。ドイツは英米仏よりも少し早いテンポで、女性割合を一割から二割へ、二割から三割へと上昇させた国であるが（女性割合の高かった東ドイツとの統合の影響もある）、他方で二〇〇〇年代以降は進展が見られず、時期によっては後退も生じている。二〇〇〇年代以降の進捗が目覚ましいのはイギリス、アメリカ、フランス、メキシコ、韓国である。韓国以外は二〇一〇年代後半にさらに急勾配で女性議員を増加させている。それぞれの国で女性割合が急増するタイミングは選挙制度の改正やクオータ（割当制）の導入と強化などに影響を受けて、少しずつ異なる。

注意を払う必要があるのは選挙制度の相違である。早くから女性議員を増加させてきたスウ

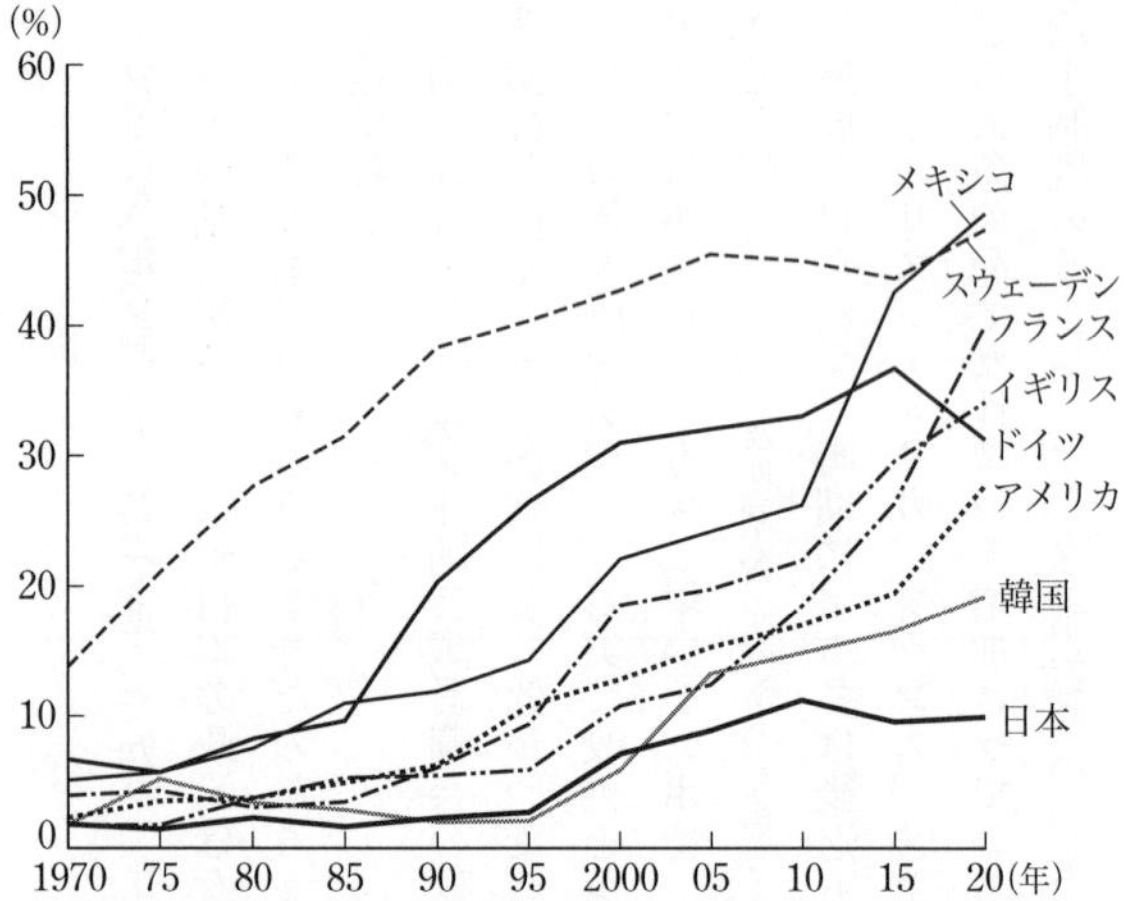

図表 3　主要国の女性議員割合の変遷(1970–2020)

出典：列国議会同盟(IPU).
注：1985 年以前のドイツは西ドイツ，1990 年以降は統一以降の数値(Parlaments-und Wahlstatistik des Deutschen Bundestages 1949–2002/03(https://www.bundestag.de/resource/blob/189602/3a1c9ddac371d9981ca494ec33046b5b/statistik_download-data.pdf)).

エーデンは比例代表制、ドイツは小選挙区比例代表併用制を採っている。併用制は比例代表の結果で各党に議席を配分し、さらに小選挙区での当選者を加味するため、基本的には比例代表の影響が強い選挙制度である。他方、イギリス、フランス、アメリカは小選挙区制、メキシコ、韓国、日本は現在は小選挙区比例代表並立制を採る。多様な候補者を揃えることで有権者にアピールしようとする比例代表制と比べて、絶対に勝てる候補者を擁立しようとする小選挙区制は女性候補者が増えにくい傾向にある。とはいえ、韓国と日本以外は小選挙区制の国でも女性割合は二五％を超えている。このことは、クオータ制の導入など様々な工夫により、小選挙区制においても女性を確実に増やすことは可能であることを示している。選挙制度やクオータの効果については、改めて第6章で論じたい。

もう少し広く世界の動向も見ておこう。図表4は二〇二二年一月時点での下院における女性議員割合が四〇％を超える国を女性割合の多い順から並べたものである。ルワンダが一位となるのは二〇〇三年九月からで、それまではスウェーデンが長い間一位を占めていた。二〇〇三年時点のルワンダの女性割合は四八・八％であるが、二〇〇八年九月には五六・三％と世界で初めて過半数を突破した国となった。現在は六一・三％である。ルワンダは一九九四年に八〇万人以上が虐殺される国内紛争を経験し、その後は約一〇年かけて新体制へと移行してきた。二〇〇三年の憲法改正によって三〇％の女性クオータが全ての政府意思決定機関に義務づけられた。議会については下院八〇議席のうち二四議席は女性に割り当てられ、地域ごとの女性委員会から選出される（青年枠二議席と障がい者枠の一議席もある）。残りの五三議席には比例代表制を採用し、法的なクオータも政党による自主的なクオータもないが、実際には多くの女性議員が擁立されている。とりわけ第一党のルワンダ愛国戦線が積極的である。この制度の下での最初の選挙で女性割合は二五・七％から四八・八％に急上昇した。現在では、女性が過半数を超した国としてキューバ、ニカラグア、メキシコ、アラブ首長国連邦が加わる。

図表4　女性議員割合の国際ランキング(2022年1月)

順位	国	議席数	女性議員数	女性議員割合(%)
1	ルワンダ	80	49	61.3
2	キューバ	586	313	53.4
3	ニカラグア	91	46	50.6
4	メキシコ	500	250	50
〃	アラブ首長国連邦	40	20	50
6	ニュージーランド	120	59	49.2
7	アイスランド	63	30	47.6
8	グレナダ	15	7	46.7
〃	南アフリカ	396	185	46.7
10	アンドラ	28	13	46.4
11	ボリビア	130	60	46.2
12	スウェーデン	349	161	46.1
13	コスタリカ	57	26	45.6
14	フィンランド	200	91	45.5
15	ノルウェー	169	76	45
16	アルゼンチン	257	115	44.8
17	ナミビア	104	46	44.2
18	スペイン	349	150	43
19	セネガル	164	70	42.7
20	スイス	200	85	42.5
21	モザンビーク	250	106	42.4
22	ベルギー	150	63	42
23	北マケドニア	120	50	41.7
24	オーストリア	183	76	41.5
〃	エチオピア	470	195	41.5
26	オランダ	150	61	40.7
27	モルドバ	101	41	40.6
28	ベラルーシ	110	44	40
〃	ペルー	130	52	40
〃	ポルトガル	230	92	40
〃	セルビア	250	100	40
〃	東チモール	65	26	40

出典：IPU(https://data.ipu.org/women-ranking?month=1&year=2022).

女性議員割合が四〇％を超える国を数えると、二〇二二年一月時点で三二カ国にのぼる。三年前は一五カ国で、一〇年前は九カ国、二〇年前となるとたった一カ国（スウェーデン）しかない。三〇％を超えた国がさらなる努力を続け、本気で五〇％を目指していることを示している。三〇％以上の国は、二〇二二年一月時点で六一カ国、三年前は五〇カ国、一〇年前は三〇カ国、二〇年前は一〇カ国である。二〇二〇年の時点で、すでに世界の約四分の一の国で女性が国会議員の三割を超えているのである。

別の角度から二〇年間の変化を見ると、図表5のようになる。図表5は二〇〇〇年と二〇二〇年の二時点における女性議員割合を比較したものである。二〇〇〇年には世界の半数以上の国で女性割合は一割未満だった。この時点では日本の後進性もそこまで目立たず、先進的な国が多少存在するという状況だ。ところが二〇二〇年になると一割未満の国は十数％しかなくなる。日本はこの時点の女性割合が九・九％なので、残念ながら世界の最下位グループに残ったままである。多くの国が一〇％未満から一〇％台へと移行し、また最も多いのは二〇％台となっており、世界平均は二五・五％である。つまりは、世界からすっかり取り残されたのが二〇二〇年の日本の現実である。

閣僚の女性割合も確認しておこう。二〇二一年一月時点で、女性が半数または過半数の国は一三カ国、四〇％以上は三〇カ国、三〇％以上は六三カ国である。前年三〇％以上だったのは

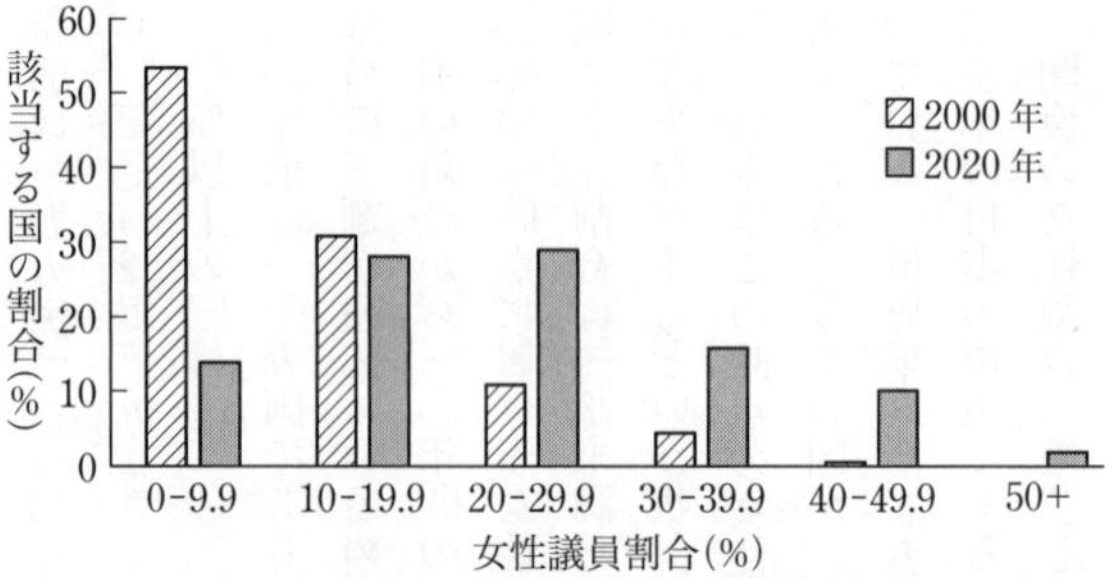

図表 5　議会における女性の割合(2000/2020 年)

出典：United Nations, Economic and Social Council. 2020.

五〇カ国であるから、閣僚においても女性登用が急増している。

図表6は二〇一〇年と二〇二〇年時点の閣僚における女性割合を比較したものである。国連経済社会理事会によると、二〇二〇年の世界平均は二一%で、二〇一〇年は一六%である。女性議員割合(下院)の世界平均は、二〇二〇年一月は二六%、二〇一〇年一月は一九%なので、議会における女性割合よりそれぞれ若干少ない。ところが、閣僚において女性が半数かそれ以上の国、また四〇%を超えた国の数は議会のそれより多い。同時に、女性閣僚が一割未満の国もまだ二〇%以上存在する。つまり、閣僚の任命パターンにおいては二極化が進行している。世界の先進グループにおいては、議会では女性は四割以上、内閣は五割以上というのが相場となっており、他方、最下位グループはどちらも一割程度かそれ以下である。日本はそこに属する。

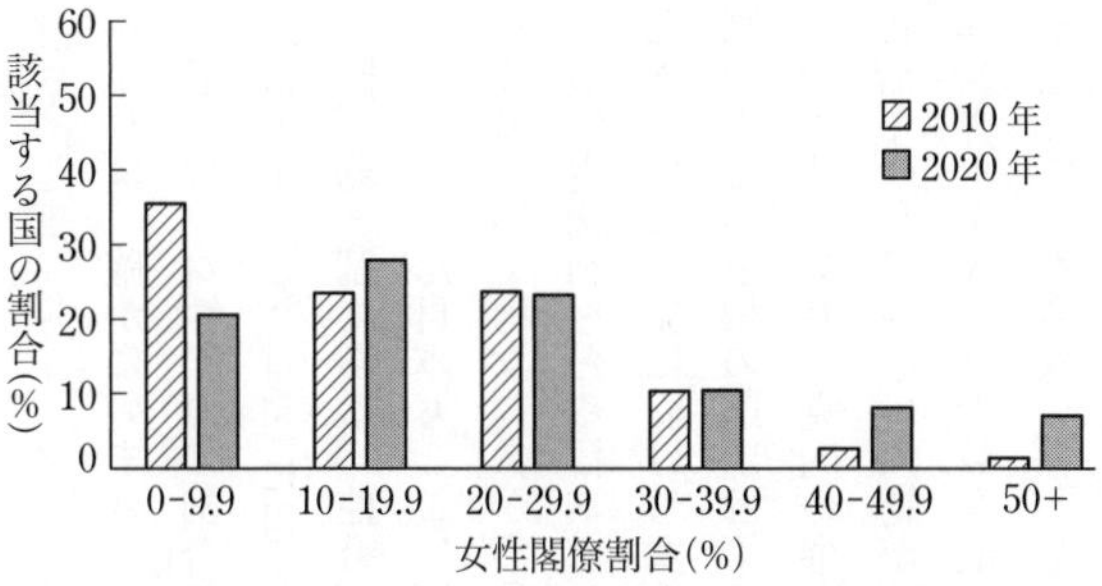

図表 6　閣僚における女性の割合(2010/2020 年)

出典：United Nations, Economic and Social Council. 2020. E/CN.6/2021/3

閣僚は大統領ないし首相が任命し、必ずしも国会議員から任命されるとは限らないため、トップの判断によって大きな改善が見込める。とりわけ大統領制ではその傾向が強く、例えばアメリカはジョー・バイデン政権の閣僚二六人のうち一二人が女性で、割合にすると四六・二%とほぼ男女同数である。前年のドナルド・トランプ政権時は二三人中四人の一七・四%だったので、劇的変化である。韓国でも文在寅《ムンジェイン》大統領が二〇二〇年には一八人中六人の三割を女性とし、前年の四人(二二・二%)より改善させている。もっとも、政権誕生時の男女同数内閣の公約は実現することはなかった。

パリテ(男女同数)内閣を出現させ世間を驚かせたのは、カナダのジャスティン・トルドー首相である。その時のセリフである「だって二〇一五年だから」はよく知られている。カナダが名乗りをあげた時、男女同数以上ないしは女性が男性より一人少ない事実上のパリテ内閣を実現していたのは一一カ国ある(フィンランド、カーボベルデ、スウェーデン、フランス、リヒテンシュタイン、ニカラグア、ノルウェー、オランダ、エストニア、グレナダ、アイスランド)。一一カ国も存在すれば、確かにいまさら珍しい話ではないかもしれない。ちなみにその年に一位のフィンランドでは、女性閣僚の割合は六二・五%であった(二〇一五年一月時点)。

首脳(大統領や首相)に目を転じると、二〇二〇年一一月時点で女性が首脳を務める国は二一カ国、約一割である。他方、一一九カ国においては歴史上一度も女性の首脳を誕生させていない。もちろん日本もここに属する。国連経済社会理事会は、このスピードでは、日本で首脳レベルにおいて男女同数が実現するには、あと一三〇年かかるとしている。

議院内閣制をとる日本において、閣僚は基本的には国会議員から任命される。女性議員の少なさ、特に与党における女性割合の低さが女性閣僚の少なさにも反映される。また、議院内閣制の下での首相の選出は第一党、あるいは少なくとも連立政権に参画する政党の党首になることが条件であり、党内の権力闘争に勝ち抜くことが必要である。大統領制のように、それまで政治キャリアのない人物が国民的人気を得て選出される道筋は日本にはない。したがって、ジェンダーギャップ指数を改善させるには、腰を据えて政党政治の男性支配構造に切り込んでいかなくてはならない。

果たして一三〇年後の日本は男女がほぼ交互に首相に就く国になっているだろうか。そこまで待たずとも実現できるかどうかは、今を生きるわたしたちの努力にかかっている。

停滞する日本

敗戦後、マッカーサーによる五大改革指令（女性の解放、労働組合の結成促進、教育の民主化、秘密弾圧法制の廃止、経済の民主化）を受けて、日本で女性に参政権が付与されたのは、一九四五年一二月である。翌年四月一〇日の衆院選で日本の女性たちは初めて選挙権を行使した。晴れ着をまとい、赤ん坊をおぶった女性たちの写真を見たことのある読者も多いかもしれない。この時の衆院選で選出された女性代議士は三九人、割合では八・四％である。世界有数の女性議員の多い国として出発した戦後日本は、しかしながら選挙制度の改正等に阻まれ、その後の女性割合は一―二％という低水準が続く。三九人という記録を塗り替えるのは、二〇〇五年の郵政解散の衆院選を待たねばならなかった。

女性議員増加に転じる契機は一九八九年の「マドンナ旋風」であった。土井たか子率いる社会党が同年の参議院選挙で一二人の女性新人候補を擁立し、うち九人が当選する。結果的に当選者に占める女性の割合は一七・五％に急増した。さらには翌年の衆院選にもその熱波は伝わり、女性割合は一・四％から二・三％に上昇する。一九九三年の衆院選では一三年ぶりに自民党の女性議員が誕生する。野田聖子である。一九九四年には選挙制度改革が実現し、中選挙区制から小選挙区比例代表並立制へと変わった。新制度下の衆院選で女性候補者・当選者は少しずつ増加したが、画期をなしたのが二〇〇五年であった。小泉純一郎首相は自身が推し進める郵政改革法案が参議院で否決されると、衆議院を解散し、法案に反対した造反議員を公認しないという手法に打って出た。小泉チルドレンと呼ばれる八三人の新人議員を当選させ、また比例名簿の上位は女性を擁立する事実上のクオータを実施した。その結果、自民党はそれまでのほぼ三倍の二六人の女性を当選させる。筆者の計算では、小泉のクオータ政策はそれがなければ落選したと思われる六人の女性を当選させた。全体では四三人の女性が当選し、女性割合は九%となる。

さらに二〇〇九年の衆院選でも女性の躍進が続く。この選挙で政権交代を成し得た民主党は四〇人の女性議員を誕生させ、全体として当選者に占める女性割合は一一・三%になり、初めて一〇%台に載せるのである。

ところが二〇一二年に自民党が政権復帰すると足踏み状態に入る。図表3を再度見てほしい。急勾配で女性割合を改善させた国がいくつもある一方で、日本は一〇%弱で推移し、まるで時が止まったかのようである。二〇一二年には女性議員割合は七・九%にまで落ち込み、その後は九・五%(二〇一四年)、一〇・一%(二〇一七年)、九・七%(二〇二一年)で推移する。自民党が勝った四回の衆院選で女性議員割合は減るか停滞したのである。その同時期に世界のあちらこちらで三割、四割の壁を突破する事態が進んでいたのに、である。

二〇一〇年代以降に日本が停滞した直接的責任は、この間に第一党であった自民党にある。安倍晋三首相は「女性活躍」を世界的にアピールし、二〇一四年の世界経済フォーラムでは、「二〇二〇年までに、指導的地位にいる人の三割を女性にします」と訴え、世界の注目を浴びた。日本が女性の人権後進国であることは国際社会でつとに知られた事実であったが、首相の強いリーダーシップで大きな変化が起きるとの期待が生まれた。二〇二〇年までに三割という目標は、実は二〇〇三年に小泉内閣で策定されたものである。関係者以外ほとんど関心を払ってこなかった政府目標を呼び覚ましたのが安倍であった。安倍内閣では女性活躍を成長戦略の中核に位置づけ、内閣官房に「すべての女性が輝く社会づくり本部」を設置した。

女性活躍政策は第二次安倍政権の看板政策であったから、彼が自民党総裁・首相であった期間に足下の女性の政治参画がここまで沈滞したことには、あまり注目が払われなかった。二〇一四年の第二次安倍内閣（改造）では五人の女性閣僚を任命し、第一次小泉内閣の記録に並んだが、小泉内閣と同様にその水準を維持することはできず、女性閣僚の数は四人、三人、二人、一人と減っていった。

安倍首相が女性活躍を国際的にアピールした場の一つが世界経済フォーラムであったことも皮肉である。ジェンダーギャップ指数を算出する世界経済フォーラムは、確かに男女格差の解消を世界経済の成長のためのものと位置づける。しかしここで求められる男女格差の解消は、日本が熱心に取り組んだ就業率だけではない。経済では賃金、非正規労働、管理者における男女格差が問題視され、また意思決定への女性の参画、つまりは政治分野における女性割合が課題となってくる。二〇一四年という時点で三割目標を謳ったこと自体、これまで見てきた世界との隔絶をむしろ象徴しているといえるだろう。「だって二〇一五年だから」と言い放ったトルドー首相がパリテ内閣を誕生させる一年前に、六年後の目標として三割を公言したのである。ジェンダー平等後進国の日本でなければ、笑われるような目標である。

そしてこれには後日談がある。結局、三割という目標も達成することができなかったのである。二〇二〇年に目標は再設定され、二〇三〇年までのなるべく早いうちに達成することが新たな国家目標となった。この目標は様々な領域における指導的立場における女性割合であるから、達成具合は当然ながら領域によって異なる。だが主要な領域を見渡すと、おおよそ一五％程度というのが日本の実態である。つまりは、あと一〇年で女性を倍増させなければならないことになる。これが日本に突きつけられた喫緊の課題である。そしてそれを達成したとしても、世界に追いつくわけではない。その頃に世界は遥か先に進んでいるだろう。しかし何もしなければ、日本の経済力も、国際的な地位も、そしてもちろん国内における女性の人権や経済的自立も立ち遅れたままになる。いま変えるのか、変えないのか、わたしたちの意志が問われる。

世界の保守政党と自民党

女性の政治参画という観点から、とりわけ衆議院および閣僚の女性割合において、日本は二〇〇〇年代に停滞することになったが、直接的原因である自民党はなぜ女性を増やすことができないのだろうか。詳しくは第3章で論じるが、その前に指摘をしたいのは、定期的な政権交代を通じた政党間競争が女性候補者を増やすというメカニズムである。

世界的に見ても、保守政党は中道左派政党や環境政党(緑の党)と比べて女性候補者擁立に熱心ではない。クオータの導入にも否定的である。長い間女性議員割合が一位であったスウェーデンでも保守政党はクオータを導入していない。イギリスでは労働党はクオータ(女性指定選挙区)を実施するが、保守党は数値目標を掲げるにとどまる。しかしながら、欧州の保守政党では女性割合が三割を超えることが珍しくない。

図表7は二〇一〇年時点の主要国の保守／中道右派政党における女性議員の割合を並べたものである。クオータ制を導入していなくても三割ないし四割を超える保守政党が北欧中心に存在している。逆にフランスの国民運動連合は法的クオータ制(パリテ法)の下でも基準を遵守せず、一二・一%にとどまる。日本が比較的よく参照するイギリスやアメリカでは保守政党の女

図表7　主要先進民主国の保守／中道右派政党の女性議員割合（2010年）

国	保守／中道右派政党	%	クオータ
ベルギー	新フラームス同盟	44.8	法律
スウェーデン	穏健党	43.2	なし
オランダ	キリスト教民主アピール	42.8	なし
フィンランド	国民連合党	40.0	なし
カナダ	保守党	36.5	なし
スペイン	国民党（民衆党）	33.3	法律
アイスランド	独立党	31.3	なし
デンマーク	保守国民党	30.0	なし
ノルウェー	保守党	30.0	なし
ニュージーランド	国民党（民衆党）	29.3	なし
ポルトガル	社会民主党	27.1	法律
オーストリア	国民党	23.5	政党
ドイツ	ドイツキリスト教民主同盟（CDU）	21.1	政党
イタリア	自由国民党	19.9	なし
オーストラリア	国民党	15.7	なし
イギリス	保守党	15.7	なし
フランス	国民運動連合（UMP）	12.1	法律
アメリカ	共和党	9.5	なし
日本	自民党	6.7	なし

出典：Childs and Webb（2012: 69–70），アメリカについては Center For American Women and Politics のウェブサイトより筆者計算．

性割合が低いことが見て取れるが、それでも自民党よりは高い。

これらの数値は二〇一〇年時点のため、現在では改善を見せている保守政党も多い。この表のなかで日本に次いで低かったアメリカの共和党は、二〇二〇年の連邦議会選挙で一四・六％にまで増やし、フランスの共和党（国民連合運動の後継政党）は二〇一七年の国民議会選挙で二三％、イギリスの保守党は二〇一七年の総選挙で女性割合を二一・一％にまで伸ばしている。一方、二〇二一年衆院選で自民党は七・七%にしか改善していない。先進民主国の保守政党と比較しても自民党の変化は鈍いことが浮き彫りになる。

中断された「左からの伝染」

中道左派政党の方が女性擁立に熱心な理由は、一つには社会経済的な平等を志向する理念から導かれる。中道左派政党にとっては、ジェンダー平等もまた追求すべき理念となるからだ。特に一九七〇年代以降は組織的基盤であった労働組合の影響力が低下し、女性が労働市場に進出するようになると、働く女性に向けた政策をアピールすることが党勢回復にも重要な戦略となったのである。中道左派政党が女性候補者を積極的に擁立し党勢を回復させていくと、保守政党もまた女性候補者の擁立に積極的にならざるを得ない。イギリスやアメリカではこうした傾向が明瞭に表れている。

こうした現象を、リチャード・マトランドとドンリー・スタッドラーは「左からの伝染」と呼ぶ。日本ではマドンナ旋風において「左からの伝染」が生じたものの、持続的な傾向にはならなかった。土井のマドンナ旋風や「おたかさんブーム」は社会党の長期停滞傾向を阻止し党勢回復に貢献したが、それが達成されると、まるで用済みかのように土井は党首の座を追われた。女性が組織の危機的な状態下で登用される「ガラスの崖」という言葉がある。まさしく崖つぶちに立った社会党は土井を党首に選出し、一時的に危機を脱出した。そして、マドンナ旋風の激震は永田町を揺るがし、自民党の変容をもたらした。海部内閣では初めて二人の女性閣僚が任命され(森山眞弓、高原須美子)、森山は前任者が女性スキャンダルで辞任した後に官房長官に横滑りで任命された。一九九三年の衆院選でも久しぶりに女性が擁立され、野田聖子が当選した。

その後は細川内閣で女性閣僚が三人になるなど、一九九〇年代は「女性躍進」の一〇年間であった。しかし、社会党にとって土井はリリーフ党首だったようである。社会党は変革の歩みをとめ、そして政界再編成の荒波のなか、消滅した(後継政党は社民党となる)。日本でも一時的には「左からの伝染」が生じたわけだが、社会党が消え、非自民政党が新進党に糾合した頃よりそのダイナミズムが消え失せたのである。

つまりは、自民党が女性擁立に無関心でいられたのは、左からの圧力をさほど感じなかったためである。これに対して小泉首相は自ら仕掛けて、クオータを実施するほどまでして女性を重用した。二〇〇五年の衆院選で二六人の女性を擁立し、全員が当選を果たしている。一九九六年以降、自民党は毎回の選挙で一〇—一一人の女性しか擁立してこなかったので、二六人というのがいかに多いかがわかる。その後も二〇〇九年、二〇一二年、二〇一七年には二七人を擁立している。一度作られた新しい相場(「コンクリートの床」と呼ばれる)は維持されたのである。

例外は二〇一四年で、この時は四二人という史上最多の女性に公認を出した。しかし当選したのは二五人と例年並み、当選率は約六割と、八割を超えた前後の衆院選を大きく割り込んだ。つまり、安倍政権の女性活躍推進政策の下で、二〇一四年の選挙は女性擁立を急増させたが、当選できる選挙区に配置したわけではなく、当選者数では二人増にとどまった。すでに第一党となっている自民党がさらなる議席を獲得する余地は小さかったからである。女性候補者を擁立し、落選しても支え、次の選挙に備えさせるという戦略を持続的に取ることは難しいようで、二〇一七年の衆院選では女性は二七人の擁立にとどまった。

二〇二一年には三三人の女性を擁立し、候補者均等法下での初の衆院選に対して一応の前向きな姿勢を見せたことになる。しかし、女性は小選挙区三五人の新人候補のうち三人、比例代表の単独候補三七人のうち七人にとどまり、当選者は前回と同じ二〇人であった。

二〇一〇年代以降の四回の選挙で女性議員割合が停滞したのは、女性を積極的に擁立しない自民党が二〇一二年に政権に返り咲き、その後は現職優先の壁に阻まれ、増やす余地がそもそも少ないという事情がある。野党に転落した段階で軌道修正をすればよかったのだが、それは生じなかった。せめて新人擁立の際に一定割合を女性に割り当てれば順次増加が見込めるが、そのような方針は採られていないため、女性を増やしようがないというのが自民党の現状である。

なぜ女性議員は衆議院よりも参議院に多いのか？

これまで衆議院に限定して話を進めてきたが、参議院の事情は異なる。国際比較する場合、一院制の国があり、上院(日本の参議院に該当)の位置づけも様々であることから、下院だけで比較することが多い。しかし日本はほぼ対等な二院制を採っており、参議院の存在が大きい。参議院の女性割合は二五・八％で、衆議院とは一五ポイント以上の開きがある。クオータを実施せずに二割以上の女性割合を達成している点で、アジアでは優秀という評価も可能であろう。

図表8は一九九七年以降の毎年の女性議員割合について上院・下院それぞれの世界平均と日本の状況を示したものである。世界平均が滑らかな線を描くのは世界の平均値だからであり、日本の線は選挙がある年にしか大きく変動しないため、段階的な変化を見せている。一瞥《いちべつ》してわかるのは、日本の衆議院は一貫して低い状態にあるものの、参議院は世界平均に肉薄した状況で推移してきたことである。むしろ一九九〇年代は世界平均よりも高かった。しかし、二〇〇〇年代に入ってからは一進一退を辿り、二〇一六年、二〇一九年、二〇二二年と三回の参院選で過去最多の女性当選者が出続けたことで、二〇二二年八月には世界平均(二五・八％)と同値に達した。

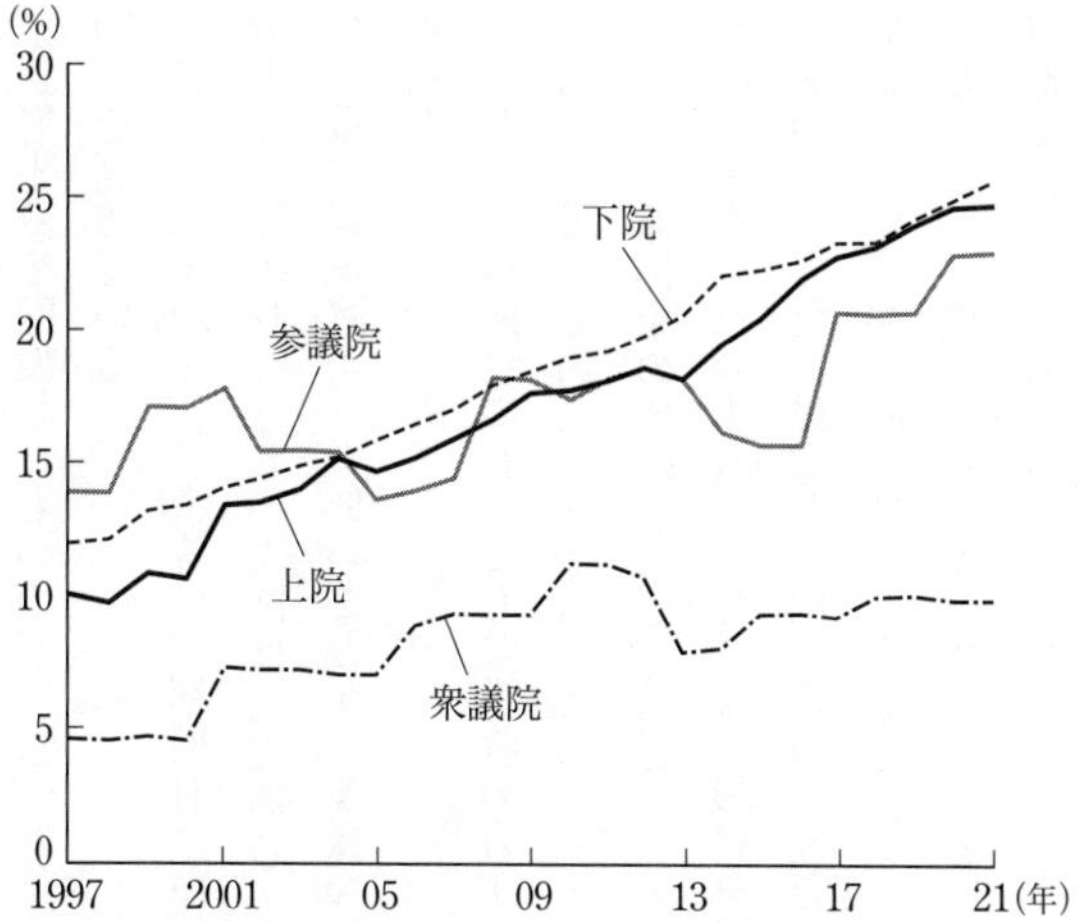

図表 8　世界平均(上院・下院)と日本(参議院・衆議院)における女性議員割合

出典：IPU.

衆議院と参議院でこれだけ大きな差が出ていることを考えると、日本は女性政治家を忌避する傾向があると単純にはいえないことがわかる。政治要因と選挙制度の相違を考慮しなければならない。

参議院の方が衆議院よりも女性割合が高い一因は、自民党の議席割合が低いことがある。自民党、そして日本維新の会において女性議員が少ないため、それ以外の政党の比重が大きい参議院ではそれだけ女性議員割合も高くなる。自民党の議席割合を見ると、一九八九年の参院選で負け越す前は約六割の議席を維持していたが、この年に四三%まで落ち込み、それ以降は四〇%台で推移している。二〇〇七年には民主党に敗れ三四％にまで低下し、二〇一六年にはかろうじて単独過半数を回復したものの、二〇一九年にはまた失っている。自民党の弱さが結果的に女性割合を高めている。

二〇二二年現在、参議院は、都道府県単位の選挙区で一四八議席、比例区で一〇〇議席の配分となっており、うち一人区は三二ある。自民党、そして男性現職が有利な小選挙区（一人区）の比重が衆議院よりも低いことが、多様な政党が議席を取り、また女性が擁立されやすい背景を成しているのである。

ただし、自民党においても参議院の方が女性は多い。自民党の女性議員割合は衆議院では約八％、参議院で約二〇％である（二〇二二年）。複数区において二人目の候補者に女性を立てたり、また非拘束の比例名簿（有権者は政党の名簿から個人に投票することができる）において著名な女性を擁立したりすることで、女性議員を増やしてきている。二〇二二年の参院選では数値目標を拒んできた自民党が比例名簿の女性を三〇％とする数値目標を掲げ、選挙区と合わせて候補者に占める女性割合は二三・二％となった。当選者でも女性が初めて二割を超えた。

もっとも野党はさらに先を行き、立憲民主党と共産党が五〇％、国民民主党が三五％という目標を掲げ、どちらも達成している。

なお、衆議院において女性が一割にも満たないということは、女性不在の委員会を生むことになる。二〇二二年四月現在、環境委員会、懲罰委員会、政治倫理審査会は男性のみで構成されている。女性割合の少ないものとしては、財政金融委員会（二・五％）、安全保障委員会（三・三％）、議院運営委員会（四％）、政治倫理の確立及び公職選挙法改正に関する特別委員会（二・五％）がある。男性ばかりの国会運営を許す結果となっている。

地方議会における地域格差

地方政治に目を転じると、地域格差が極めて大きいことが日本の特色である。都市部の市区議会では女性割合が三割を超えていることはもはや珍しくない。他方で、町村議会の三割弱に女性は一人もいない。つまりは、女性割合は〇％から五〇％まで、地域事情を反映し実に様々である。

都道府県議会における女性割合の平均値（二〇二一年一二月）は一一・八％であるが、最も高い東京都の三一・七％から最も低い山梨県の二・九％まで幅が大きい（二〇二二年に熊本県議会で二人いた女性議員のうち一人が参院選に立候補するため辞任し、割合として二・〇％に下がった）。全国平均値では緩やかな上昇傾向が続くものの、県議会によっては値が大きく下がる場合もあり、一様に女性が増えてきたわけではない。

馬渡剛は一九五五年から二〇〇八年までの各都道府県議会の女性割合の推移に関して、①一九八七年統一地方選挙を画期として女性議員が増えた、②約五〇年間で女性議員の割合が多かったのは東京(平均七・五%)、神奈川(四・四%)、千葉(三・七%)、兵庫(三・五%)、埼玉(三・四%)と都市化の程度の高い議会であった、③女性割合の下位五議会は島根(〇・四%)、新潟(〇・六%)、群馬(〇・七%)、福井(〇・八%)、鳥取(〇・八%)であったと指摘し、女性議員の進出の鍵は「都市、多党化、非自民の党派力」の三つであると結論づけている。

二〇二一年一二月現在での上位五議会は、東京(三一・七%)、京都(二二%)、神奈川(一八・三%)、滋賀(一六・七%)、兵庫(一五・三%)である。千葉は一三・三%にとどまり一二位に後退したが、総じて女性の多かった議会はその傾向を維持していることがわかる。他方、下位は山梨(二・九%)、熊本(四・三%)、大分(四・七%)、香川(五・一%)、愛知(五・一%)であり、全て入れ替わった。女性の多い議会に関しては、都市、多党化、非自民の党派力の三要因が依然として大きな影響力を持っているが、こうした条件を欠く議会においては、女性議員の増加には異なる要因が作用していることが窺える。

一九九九―二〇一九年の二〇年間における女性割合の上昇ポイントを比べると、上位一〇位に東京(一八・一%ポイント、一位)、京都(一二・四%ポイント、二位)、神奈川(九・七%ポイント、八位)が入り、好条件に恵まれた議会がさらに女性議員を増やしていることがわかる。他方、鳥取、長崎、三重、秋田、山形、静岡は〇―二%台の比率を一〇%ポイント前後で増加させている。こうした好事例とは対照的に、山梨はマイナス六・八％ポイント、奈良はマイナス一・一％ポイントである。これは計測の起点を一九九九年とした場合の変化であるが、過去二〇年間の最高値を現在は下回っているのは北海道、長野、秋田、福島、茨城、福井、愛知、滋賀、広島、山口、香川、福岡、熊本、大分、沖縄と広範に見られる現象である。なかでも長野と山梨は五％ポイント以上の落ち込みである。

先の三要因に加えて、選挙区における一人区の比重も女性議員割合に大きな影響を与える。市川房枝記念会女性と政治センターによると、都道府県議会の一人区において女性が選出されているのは一七選挙区であり、わずか四・一％にすぎない。二人区では一三・一％であり、三人区でようやく三一・九％となる。一一人区以上では一選挙区の例外を除き、全ての選挙区に女性が選出されている。一人区の比重は沖縄県の〇％から岐阜県の六五％までと大きな差があり、中央値は三六・八％である。女性議員割合の高い都道府県議会は一人区の比重が低い傾向にあるものの、埼玉や兵庫は五〇％以上の選挙区が一人区となっているが、女性割合は高い。他方、香川や佐賀は一人区比率が二三％程度だが、女性割合は低い。

自民党の女性議員が不在の都道府県議会は二〇二〇年四月時点で一八府県におよび、三人以上いるのは北海道、神奈川、京都、石川だけである。他方、女性を最も積極的に擁立しているのが共産党であり、一―二人の女性共産党議員がいるのが典型的な県議会の姿となっている。

不在なのは群馬、石川、福井、愛知、島根、広島、山口、香川、愛媛、熊本、鹿児島と保守的な地域が多い。

市議会における女性割合は全体で一六・二%だが、特別区議会では三〇・二%、政令指定都市の市議会では二〇・四%となっている(二〇二〇年現在。令和三年版『男女共同参画白書』)。都市部では女性が多いことがわかる。

市川房枝記念会女性と政治センターの調べでは、二〇一九年の統一地方選後、市区議会の女性割合が一番多いのが北海道江別市と東京都東村山市の四八%、続いて大阪府交野《かたの》市(四六・七%)、東京都武蔵野市(四六・二%)、東京都狛江市(四六・二%)、東京都清瀬市(四五%)、兵庫県小野市(四三・八%)、北海道留萌市(四二・九%)、愛知県大府市(四二・一%)、東京都豊島区(四一・七%)、東京都小金井市(四一・七%)、東京都文京区(四一・二%)、埼玉県吉川市(四〇%)、東京都中央区(四〇%)の一三議会となる。三割を超す市区議会は六七ある。

町村議会では奈良県王寺町が五〇%で、四割を超えるのは神奈川県大磯町、神奈川県二宮町、大阪府島本町、兵庫県播磨町、長野県飯島町、大阪府豊能町、埼玉県三芳町、山口県和木町の八つである。三割を超えるのは二九議会ある。

都道府県ごとに政治分野のジェンダーギャップ(二〇二二年一月基準)を比較したものが図表9である。これは「地域からジェンダー平等研究会」(筆者と竹内明香上智大学経済学部准教授、事務局は共同通信社）が指数化し、各都道府県におけるジェンダーギャップを政治、経済、行政、教育の四分野において算出したものである。政治分野として計測したのは歴代の女性知事の着任年数、女性首長がいる市町村の割合、都道府県議会の男女比率、市町村議会の男女比率、女性

図表9　政治分野のジェンダーギャップ指数（都道府県比較，2022年）

順位	都道府県	偏差値	順位	都道府県	偏差値
1	東京都	85.3	25	岐阜県	46.6
2	神奈川県	68.3	26	岩手県	46.3
3	新潟県	66.8	27	秋田県	45.6
4	千葉県	64.4	28	香川県	45.6
5	京都府	64.4	29	広島県	45.4
6	大阪府	63.5	30	沖縄県	44.7
7	栃木県	63.0	31	愛媛県	44.5
8	兵庫県	62.8	32	群馬県	43.9
9	滋賀県	60.4	33	和歌山県	43.8
10	埼玉県	60.0	34	熊本県	43.1
11	山形県	58.2	35	高知県	43.0
12	北海道	57.8	36	福島県	42.9
13	三重県	52.6	37	富山県	42.8
14	宮城県	51.6	38	鳥取県	42.5
15	福井県	50.3	39	長崎県	41.9
16	徳島県	50.3	40	宮崎県	41.7
17	茨城県	50.1	41	奈良県	41.4
18	山口県	49.5	42	佐賀県	39.0
19	福岡県	49.4	43	石川県	38.9
20	岡山県	49.4	44	大分県	38.8
21	長野県	49.3	45	青森県	38.7
22	静岡県	49.0	46	鹿児島県	38.6
23	愛知県	48.2	47	島根県	38.1
24	山梨県	47.6			

出典：三浦・竹内（2022）．

ゼロ議会の割合、都道府県内の小選挙区から選出された衆議院議員(比例復活は含まない)および参議院選挙区の男女比率である。上位五位は東京、神奈川、新潟、千葉、京都で、下位五位は島根、鹿児島、青森、大分、石川である。女性国会議員がいないのは一六県にも上る一方(九州五県、四国三県と西日本に多い)、新潟と山梨では国会議員が男女同数である。

都道府県内の市区町村議員における女性割合と都道府県議会の女性割合には相関関係が認められるが(有意水準五%)、都道府県議会と国会の女性割合にはそのような傾向が見られない。つまり、女性の市区町村議員を増やすことは女性の都道府県議会議員の増加に繋がるが、都道府県議会に女性が増えても必ずしも女性の国会議員が増えるわけではない。逆も真なりで、山梨は国会議員は男女同数だが、県議会には女性が一人しかいない。男性議員とは異なり、女性の場合は都道府県議会議員から国会議員になるキャリアパスが標準となっていないのである。

様々なデータから日本における女性政治家の少なさは世界の動向から大きく引き離されていることを見てきた。ただし、国内での格差も大きい。衆議院で女性が一割にも満たないことが世界ランキングを引き下げており、また人口の少ない地域を中心に女性ゼロ議会も多く残存する。他方で、参議院や都市部の地方議会では女性が二―四割を占めるまでになっている。つまり日本全体で停滞しているわけではなく、衆参両院の差が大きく、さらに地域間格差も大きいというのが実情である。このことは、女性の政治参画を阻む条件が衆議院の選挙制度のあり方や地方政治において存在することを示唆する。それらを取り除くことが、男性政治から脱却するための課題であることが見えてくる。

第2章　二〇年の停滞がもたらしたもの

——ジェンダー平等後進国が作り出した生きづらさ——

ジェンダーとは

第1章では政治において男性中心の構造が維持されていることを、様々なジェンダーギャップの数字(意思決定における男女比率)を見ながら確認してきた。男女で視座や優先順位が異なる場合、男性が意思決定をほぼ独占している状況では女性の声を反映させることは難しい。女性に限らず、当事者不在で物事が決定される場合、当事者にとっては不利な結論が出かねない。「私たちのことを私たち抜きで決めないで」というのは障がい者運動のスローガンである。このことは、女性を含めたあらゆるマイノリティに通じる点であろう。

私たちの社会は様々な点でジェンダー化されている。ジェンダーというのは社会的・文化的に構築された性別のことである。ルール、規範、実践を含む「制度」が男女の区分を作り出し、その区分は男女の地位、役割、行動規範、セクシュアリティについて、一定の秩序を作り出している。一般的に、男性は女性よりも高い地位が与えられ、公的領域において生産活動に従事するものとされる。他方、女性は私的領域に属するとされ、もっぱら再生産とケア労働(出産・育児・介護や家事)を担うことを期待される。「男性らしさ」「女性らしさ」といった規範は性別役割分業と密接に絡みながら、人々の振る舞いに影響を与える。セクシュアリティについては異性愛が標準的とされ、それ以外は劣位に置かれることになる。

こうしたジェンダー秩序は、そのほかの属性にまつわる社会制度（人種、民族、宗教、健康状態、階級など）としばしば交差あるいは複合的に重なり合うことで、その社会における身分、地位、経済的な序列をかたち作っている。

ジェンダー秩序は社会装置であるため、それを支える法制度とともに慣行や規範意識と一体となって維持・再生産される。ジェンダー平等な社会というのは地位の面で男女が対等であることを意味するが、同時に、性別役割分業や性規範においても固定的な理解が解消し、「女性だから」「男性だから」といった抑圧から女性も男性も解放される状態を指す。

女性であること、男性であること、あるいは性的マイノリティであることは特定の生きづらさを生み出す。ジェンダー秩序は大きな規範力を持っているため、それから外れた生き方をする人には葛藤や不安、苦痛など様々な心理的影響をもたらす。また階層分化にジェンダーは大きな影響力を持っており、女性の仕事や男性の仕事といった性別職域分離が作り出され、女性の仕事の価値は低いとみなされ、女性は構造的に低賃金に追い込まれる。例えば、ケア労働は女性であれば誰もが自然にできる仕事であるとみなされることで、低賃金を正当化してしまうのである。

現在の日本社会には様々な要因が複雑に絡み合い、個々人の「生きづらさ」が生み出されているが、そこにはジェンダーが色濃く影を落としている。ジェンダーのレンズから「生きづらさ」を解明していくと、ジェンダー秩序をより平等なものに組み替えることで、解決の方向に向かっていくことがわかる(もちろん階層や人種などジェンダー以外の要因と複雑に絡み合う)。そして、ジェンダー秩序を下支えしている法制度は人為的に作られているものなので、政治的意志があれば変えることができるのである。

この章ではジェンダー平等を実現するための法制度をいくつかの角度から国際比較し、日本がジェンダー平等後進国であることを見ていく。そして、実態としても性別役割分業が強固に維持されてきたことを確認する。男性政治がジェンダー平等の実現を妨げてきたのである。

世銀「女性・ビジネス・法律」レポートに見る立法の停滞

女性の経済的な自立の観点から、法的基盤の国際比較を行う指標としては世界銀行の「女性・ビジネス・法律」レポート(以下では世銀レポート)がある。これは、女性の生涯を通じて、法的な差別が就業や起業をどの程度阻害しているかを可視化するもので、移動の自由、職場、賃金、婚姻、出産・子育て、起業、資産管理、年金の八つの領域目において各国の法的基盤を比較する。領域ごとに四—五つ、計三五の該当法規制の存否を基準にスコア化し、全ての法規制が存在すると一〇〇点満点を与えられる。

二〇二〇年版で全ての法的差別撤廃を成し遂げ、一〇〇点を取っている国はベルギー、カナダ、デンマーク、フランス、アイスランド、ラトビア、ルクセンブルク、スウェーデンの八カ国である。二〇二一年にアイルランド、ポルトガルが加わり一〇カ国、二〇二二年にはギリシャ、スペインが加わり一二カ国となった。

図表1　女性の経済的自立を支える法的基盤の国際比較（1980–2020年）

	1980	1990	2000	2010	2020(年)
日本	68.8	71.3	79.4	81.9	81.9
韓国	44.4	46.9	68.8	85.0	85.0
アメリカ	72.5	81.3	83.8	83.8	91.3
ドイツ	68.1	73.8	76.9	94.4	97.5
イギリス	69.4	78.1	83.8	91.9	97.5
フランス	62.5	76.9	86.3	97.5	100.0
スウェーデン	73.8	81.9	90.6	96.9	100.0

出典：世界銀行(https://wbl.worldbank.org).

図表1は日本、韓国、アメリカ、ドイツ、イギリス、フランス、スウェーデンのスコアを一九八〇年から二〇二〇年まで一〇年刻みで示したものである。日本が緩慢な変化しか見せていないことが歴然である。一九八〇年代後半に民主化した韓国が一九九〇年代以降に大きな改善を見せたのはある意味当然としても、一九八〇年時点では日本よりスコアが低かったフランスが一九九〇年には日本を抜き、二〇二〇年には一〇〇点に到達している。ドイツも一九八〇年には日本より低かったが、一九九〇年に日本を抜く。二〇〇〇年には日本が抜き返し、二〇一〇年には再び抜かれ、二〇二〇年には両国の差が拡大している。

八〇点を超えた時期を見ると、日本と韓国は二〇〇〇年代だが、アメリカとスウェーデンは一九八〇年代と早い。スウェーデンは順調にスコアを改善した一方で、アメリカは一九九〇年以降ほとんど変化がなく、ようやく二〇一〇年代になって改善傾向が認められる。イギリス、フランスは一九九〇年代に変化し始め、ドイツは二〇〇〇年代に飛躍的に改善している。このように変化のタイミングやスピードが異なるのはそれぞれの国の政治事情を反映してのことである。このことからも政治の重要性が浮かび上がってくる。日本の特徴は変化のスピードが遅い、二〇一〇年以降は変化していないということになるが、これらの国々と比較すると鮮やかな対照を成している。これもまた、日本の男性政治がもたらしたひとつの帰結であるといえよう。

一九九〇年代の日本人は、世界第二の経済大国であるとか、女性の時代がやってきたといった自己イメージを持っていたと思われる。実際当時は、女性の経済的自立を支える立法が世界から著しく遅れていたとまではいえないだろう。バブル経済までは日本は先進国にキャッチアップすることを目指してきたが、バブル経済の発生とともに、「ジャパン・アズ・ナンバーワン」との自己意識を強め、先進国から学ぶ姿勢が後退したように思える。しかし、ジェンダー平等の観点からは、ほかの先進国はまさしくその頃より自己改革を進めるようになった。逆に日本は世界から学ぶことは何もないと背を向け、経済の構造改革は進めても、人権面での改革は怠るようになった。その結果、二〇二〇年の時点で日本とほかの先進国との差は明らかである。とりわけ二〇一〇年から変化していない点は、女性議員の割合が過去一〇年間停滞してきたこととも符合する。

実は二〇二二年版では日本のスコアが修正され、総合で八一・九から七八・八に引き下げられてしまった。理由は、労働基準法を精査した結果、女性への就労制限があることに世銀が気づいたからであるが、このことを遡及させると、日本のスコアは実は一九八〇年からずっと過大評価されていたことになる。

世銀レポートのスコアは女性の経済的自立を支える法的基盤の一側面を捉えたものでしかないが、それでも当スコアと女性の就業率には高い相関関係があり、一人当たりのGDP、経済水準、時間固定効果を統制しても、統計的に有意な水準であると世銀レポートでは指摘している。

また、女性議員割合と世銀レポートのスコアにおいても、両者の相関関係は統計的に有意な水準である(図表2)。この場合、因果関係は双方向であろう。女性議員の多さがジェンダー平等に繋がる法律の策定を促すとともに、女性の経済的自立を支える立法によって女性議員の増加も見込めるからである。この散布図において日本は右下に位置し、女性議員が少ない割には世銀スコアは高いともいえる。それがなぜなのかは後述したい。

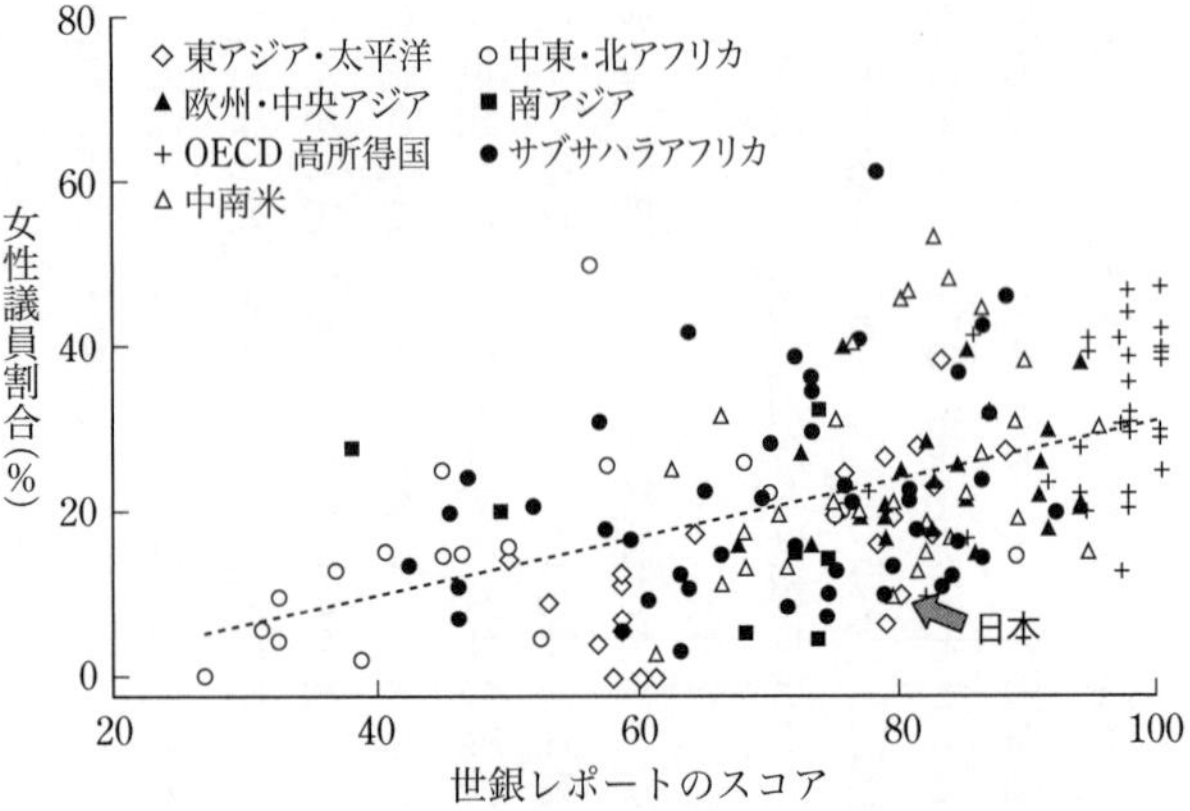

図表2　ジェンダー平等の法的整備と女性の政治参画

出典：World Bank Group, *Women, Business, and the Law 2021*(https://openknowledge.worldbank.org/bitstream/handle/10986/35094/9781464816529.pdf).

「賃金」と「職場」における低いスコア

では、どの点において日本のスコアは低いのだろうか。領域別にスコアを見たものが図表3である。網かけの部分が満点に至っていない領域である。この図表に掲載した先進国においては移動と資産面ではどの国も満点となっている一方で、子育てでは八〇点の国が多い。しかし、日本はこの領域では満点である。日本が不得意とするのは職場、賃金、婚姻、起業である。

職場の領域では日本だけが半分のスコアしか獲得していない。これは、雇用におけるセクシュアルハラスメント(セクハラ)を禁止し、制裁と救済の措置を義務づける法律があるか否か、雇用におけるセクハラに対して刑法上の罰則または民事上の救済を

図表3　女性の経済的自立を支える法的基盤の国際比較（領域別，2021年）

	移動	職場	賃金	婚姻	子育て	起業	資産	年金	総合
日本	100	50	50	80	100	75	100	100	81.9
韓国	100	100	25	100	80	75	100	100	85.0
アメリカ	100	100	75	100	80	100	100	75	91.3
ドイツ	100	100	100	100	80	100	100	100	97.5
イギリス	100	100	100	100	80	100	100	100	97.5
フランス	100	100	100	100	100	100	100	100	100.0
スウェーデン	100	100	100	100	100	100	100	100	100.0

出典：World Bank Group, *Women, Business, and the Law 2021*（https://openknowledge.worldbank.org/bitstream/handle/10986/35094/9781464816529.pdf）.

規定した法律があるか否かの二項目で「無し」となっているからである。セクハラについては、男女雇用機会均等法によって事業主に対して、防止のための雇用管理上の措置を義務づけ、相談窓口の設置やセクハラが起きた場合の適切な対応を求めている。しかし、行為を禁止する法律はない。セクハラが法的に禁止されていないということは、違法な行為の法的定義が存在しないことを意味する。セクハラを裁判において争う場合は、均等法が参照されるのではなく、一般的な不法行為として損害賠償を争うことになる。裁判自体の敷居が高く、賠償金も低い。

賃金も半分のスコアであるが、二〇二二年では二五とさらに下がった。理由は同一価値労働同一賃金が法制化されていないこと、炭鉱での女性の就労が実質的に禁じられていること（労働基準法六四条の二）であるが、二〇二二年版ではさらに危険有害業務の就業制限（労働基準法六四条の三)も問題視され、スコアが下方修正されたのである。

日本は正社員の男女賃金格差も大きいが、正規・非正規雇用労働者間の賃金格差はそれ以上に大きく、非正規雇用には女性が多い。それを是正するものとして、正規・非正規雇用労働者の不合理な待遇格差を解消することを目指した同一労働同一賃金のガイドラインは存在する。裏を返せば、日本では同じ職務を遂行するだけでは同一の賃金が支払われる根拠とはならず、パートや派遣、一般職などのように雇用形態や雇用管理区分が異なれば差別的取り扱いは合法的である。非正規雇用や一般職には女性が多いため、制度的性差別が大きく残る分野となっている。

婚姻は日本だけが満点を取っていない。女性のみに再婚禁止期間(民法七三三条)を設けているからである。この廃止を盛り込んだ改正民法が二〇二二年の臨時国会で成立したので、今後スコアは改善されるだろう(もっとも、嫡出推定の課題は残る)。

起業については、融資に関する性差別禁止の法律がないため七五となっている。

世銀によれば、日本は子育てでは先進的な法制度を有する国に分類される。アメリカでは最低一四週間の産休が保障されておらず、韓国、ドイツ、イギリスでは出産手当が政府管轄下にある社会保険等で支給されているわけではないため、八〇となっている。

以上見てきたように、世銀レポートは同一の基準を用いて、該当法制度の有無によってスコアを算出するものであった。国際比較の面では優れたツールであるが、法制度の細かな相違は扱いきれず、また法制が必ずしも及ばないインフォーマル・セクターや非正規雇用の実情を反映するものではない。あくまで法的保護対象となる領域においての比較である。そして、女性が本当に経済的に自立できるかどうかにおいては社会規範や文化も重要であり、法制度だけで決まるわけではもちろんない。そのような不備を補うものとして、OECD（経済協力開発機構）のSIGI《シギ》指数を紹介しよう。

SIGI指数とは

OECDが開発した「社会制度とジェンダー指数（SIGI）」というものがある。これは家庭生活、身体的安全性、経済活動、市民生活の四つの領域において、女性差別的な法律、意識・態度、慣行・実態がどの程度あるのかを示すものである。世銀レポートは法律だけを比較するが、SIGIは社会規範を映し出す態度（世論調査）や慣行を含む二七の変数を一六の指標にまとめあげたものである。差別撤廃の法律の有無だけでは、それがどの程度執行されているのかわからず、また規範や慣行が変わらなければジェンダー平等が達成されないことから、意識と慣行を含めている点に特徴がある。世界経済フォーラムのジェンダーギャップ指数が実態面での男女格差であるのに対して、SIGIが計測するのは実態をもたらす法制度・意識・慣行である。

ＯＥＣＤが指数化を図った背景には、女性差別的な法制度や社会規範、慣行は女性に不利益をもたらすだけではなく、社会全体にも経済的損失をもたらすという認識がある。経済に重きを置いているとはいえ、経済と直接関係のある活動（生産・金融資源へのアクセス）だけではなく、家族との関係、暴力、市民生活に着目している点は重要である。家庭内での男女の対等な関係性、あらゆる暴力からの自由、性的自己決定、政治および司法への男女平等なアクセスといったことが保障されなければ、経済において男女が平等になることはないからである。

二〇一九年の報告書では、女性差別が極めて少ない国、つまり最も先進的な第一グループは三三カ国あり、第二グループの女性差別が少ない国は四二カ国で、日本はここに入る。ちなみに、最も性差別が少ないのがスイスの八％、次にデンマークの一〇％で、さらにスウェーデン、フランス、ポルトガル、ベルギーが一一％で続く。

日本は二四％（五四位）の性差別的な社会制度が残存すると指摘されている。領域ごとに見ると、経済活動が二九％（七一位）、市民生活では二五％（六八位）、身体的安全では二一％（六四位）、家庭生活では二〇％（七位）となっており、経済活動において性差別が最も強く残り、家庭生活では比較的差別解消が進んでいることが示される。

女性差別的な制度を改善するにあたって、ＯＥＣＤは様々な政策提言を行っている。例えば、日本のランキングが低い経済活動において日本ができる一つの方策として、ＩＬＯ条約（国際労働条約）の批准が推奨されている。ジェンダー平等に関するものとしては、一〇〇号（同一報酬）、一一一号（差別待遇（雇用及び職業））、一五六号（家族的責任の保護）、一八三号（母性保護）、一八九号（家事労働者）を挙げている。ここには年次の関係で含まれていないが、二〇二一年に発効した一九〇号（仕事の世界における暴力とハラスメント撤廃）も入るだろう。日本が批准済みなのは一〇〇号と一五六号のみである。このようにＳＩＧＩ指数を手がかりとしつつ、またＩＬＯ条約のような国際規範と照らし合わせることで、ジェンダーに由来する生きづらさを解消するためには、どのような法整備が必要なのかを構想すべきだろう。

女性差別撤廃委員会からの勧告

世銀レポートやＳＩＧＩは女性の経済的自立の観点から指数化するものであったが、より広義の人権の観点から日本はどのように位置づけられるだろうか。

日本も批准した女性差別撤廃条約は女性の人権に関する国際法規範である。締約国は条約に沿って国内法を改善しなければならず、その履行状況を監視する手段として国家報告制度がある。政府は四年に一度、実施状況について報告書を提出し、本条約の下に設けられた女性差別撤廃委員会がそれを審議し、改善の勧告等を行う。日本はこれまで九回の報告書を提出し、五回の審議を受けた。その際に女性差別撤廃委員会より示される総括所見は国際規範と国内法の乖離を示すものであり、実際に国内法の改正に一定の影響を与えている。

図表4は一回目から五回目までの審議における主たる指摘事項と日本の対応をまとめたものである。育児休業制度の創設、間接差別（性別とは関係のない取り扱いでも、いずれかの性に不利益を与えるもの）という概念の導入（男女雇用機会均等法）、配偶者暴力（DV）防止法の強化、人身売買罪の新設（刑法）、婚外子差別の是正など、委員会の指摘を反映した国内法の改正が少なくないことがわかる。

二〇一六年に発出された総括所見をもう少し詳しく見てみると、次のような指摘を受けている。女性に対する差別を包括的に定義する、選択的夫婦別姓を可能にする、婚姻適齢を男女で平等にする、刑法を改正し強姦の定義を拡張する、国会を含む公的部門・民間部門の意思決定において民族的およびその他のマイノリティ女性を含む女性が少ないことを改善するための法的クオータの導入を検討する、などである（女性差別撤廃条約委員会「日本の第七回及び第八回合同定期報告に関する最終見解」）。このうち刑法については、女性だけが被害対象となる強姦罪は男性被害者も含む強制性交等罪に改められるなどの改正が二〇一七年に実現した。婚姻適齢も男性一八歳、女性一六歳だったものが、成人年齢引き下げに合わせ、二〇二二年に男女とも一八歳に揃えられた。法的クオータはまだ成立していないが、パリテを理念とする政治分野におけ

図表4　女性差別撤廃委員会による5回のレポート審議と日本の対応

審　議	主な指摘事項	日本の対応
第1回審議（1988年）	・夫姓98%の是正 ・再婚禁止期間(6か月)の是正 ・育児休業制度の導入	・1991年 育児休業法制定
第2回審議（1994年）	・均等法の充実 ・戦時慰安婦問題への対応	・1997年 均等法改正
第3回審議（2003年）	・間接差別の導入 ・DV法改正 ・戦時慰安婦問題への対応 ・人身売買への対応 ・女性参画の促進 ・婚外子差別の是正	・2004／2007年 DV法改正 ・2005年 第2次男女共同参画基本計画での数値目標設定 ・2005年 人身売買罪新設(刑法) ・2005年 間接差別新設(均等法)
第4回審議（2009年）	・2003年勧告への対応は「不十分であり遺憾」 ・民法改正(夫婦同姓・婚姻適齢の改正)は「直ちに行動を」	・2010年 第3次男女共同参画基本計画での数値目標設定 ・2013年 民法改正(婚外子相続差別の撤廃)
第5回審議（2016年）	・女性に対する差別の包括的定義 ・民法改正(選択別姓導入・婚姻適齢平等化)「遅滞なきよう要請する」 ・暫定的特別措置(クオータ制) ・刑法改正(強姦の定義拡張)	・2017年 刑法改正(強制性交等罪＝性犯罪の性中立化) ・2018年 候補者男女均等法成立 ・2018年 成年年齢改正18歳に→2022年に婚姻適齢を男女とも18歳にする

出典：三成ほか(2019: 25).

る男女共同参画推進法が二〇一八年に成立した。

しかしながら、残された課題の方が多い。例えば、性暴力については性的同意年齢が一三歳と低いこと、配偶者による強姦が明示的に犯罪化されていないこと、被害者女性が利用できるシェルターが十分でないこと、移民や民族マイノリティの女性や障がいのある女性が配偶者等からの暴力に関して安心して通報できる環境にないこと、などである。日本では女性に対する暴力に関して個別の被害ごとに、DV防止法、ストーカー規制法、児童虐待防止法などが存在するが、包括的な女性に対する暴力防止法は存在しない。

これ以外にも教育、雇用、健康、婚姻、家族関係、人工妊娠中絶、農山漁村の女性の政治参画と経済的自立、日本軍「慰安婦」問題など多岐にわたって改善すべき項目がある。日本がジェンダー平等後進国から脱するには、女性差別撤廃条約を手がかりに多くの法律のアップデートが必要であることがわかる。

ところが、国会では女性差別撤廃条約を真摯に受け止めていないのが実態である。二〇二二年に衆議院が全衆議院議員を対象に実施したアンケートで、「既存の法律及び法案が、女子差別撤廃条約及びその他の国際的なジェンダー平等の義務に適合していることを、国会でどのように確認していますか」という質問に対して、何らかのかたちで「確認している」と答えたのは二四%にすぎない。女性差別撤廃委員会からの勧告に対して行政府はそれなりに真面目に対応じていると思われるが、国会議員の意識の低さがネックになっている可能性が窺われる。

なお、長い間、DVや虐待、性暴力などの被害にあった女性たちを支援する根拠法を欠いていたが、戒能民江ら研究者や婦人保護施設等の現場の粘り強い運動の末、二〇二二年に「困難な問題を抱える女性への支援法」が成立した。合わせて売春防止法も改正され、売春を行う女性を取り締まり管理する視点から、性暴力や性搾取の被害にあった女性を支援する視点へと転換した。二〇二二年にはAV出演被害防止・救済法も成立し、AV出演被害を防ぐべく規制が強化され、救済手段が整えられることになった。もっとも、撮影において蔓延しているといわれる実際の性交が禁止されるものではなく、さらなる改正や抜本的な禁止を求める声も強い。

女性の地位と階層、教義的争点

ここで紹介した複数の指数はいずれも日本のジェンダー平等後進国性を示すものであった。それでも子育て支援策は充実してきており、女性に対する暴力撤廃の制度化や予算の充実といった変化も起きている。このように、ジェンダー平等に向けた制度改善の進展度は領域によって異なる。なぜそのような差が生まれたのだろうか。この点を説明することで、どのような要因によってジェンダー平等が阻害されてきたかをより深く理解できるようになり、また女性議員が増える意義も明瞭になるだろう。

図表5　ジェンダー平等政策の4類型

	非教義的	教義的
地位	A. 女性への暴力，クオータ／パリテ，憲法上の男女平等，雇用機会の均等	C. 家族法，中絶，性と生殖に関する自由
階層	B. 産休，育休，男性の育休，子育て支援	D. 中絶・避妊への公費支援

出典：Htun and Weldon (2018: 9).

手がかりとなるのはマラ・トゥンとローレル・ウェルドンのジェンダー不公正に関する国際比較研究である。女性の生きづらさを考えた時、女性の「地位」に関する文化的な軸と、女性が受け取る報酬や再分配などの「階層」に関する経済的な軸の二つはともに重要なものであるが、それぞれ異なる政治的力学の影響を受ける。トゥンとウェルドンの研究では、この二つの軸を用いてジェンダー平等を促す政策を次のように分類する。まずは女性の「地位」の向上に関するものと、女性のなかでも「階層」によって受益が異なるものの二つに区別する。さらに宗教的教義や伝統的規範に抵触するものか否かに区別する。すると図表5のように四つの政策類型に分類される。

図表5のAは、女性の「地位」に関する「非教義的」な政策で、女性全体、あるいは女性の下位集団（民族的なマイノリティなど）に向けて、差別撤廃の法制度を整えたり、ポジティブ・アクション（積極的是正措置）によって指導的地位に就くことを促進したり、また女性への暴力を撤廃することが含まれる。これらは宗教的教

義には抵触しないものである。また、基本的には全ての階層に向けたものである。

他方で、図表5のBに入る産休、育休、男性の育休、子育て支援などは「階層」によって受益が異なる。こうした制度は女性が労働市場に進出し、男性と同じように稼ぐには必要であるが、正規雇用の男女には保障されても、非正規雇用やひとり親の場合は保障が不十分であることが多い。女性全体の地位向上というよりも、階層によって受ける利益が異なる政策群といえるだろう。

図表5のCの「教義的」で「地位」に関する政策は、家族法や性と生殖に関する自由が含まれ、これらはその国の宗教的教義に抵触する。なぜなら、家族のあり方や生殖はその社会の宗教的権威によって伝統的に統制されてきたからである。国家が女性を旧来の家族制度から解放し中絶の権利を認めようとしても、宗教グループや伝統的な考え方に影響を受けたグループからの抵抗にあうかもしれない。

「教義的」な政策で「階層」による差が生じるものとしては、中絶・避妊への公費支援がある(図表5のD)。中絶・避妊の権利が保障されても、安全な中絶手術を受けられる病院が近くになかったり、公費の支援がないために自己負担が重くなるのであれば、利用できるのは中間層以上になってしまうからだ。

ジェンダー平等政策の進展度を比較する

では四つの領域のジェンダー政策の進展度の違いは何によってもたらされるのであろうか。トゥンとウェルドンは女性の「地位」に関する政策の進展はフェミニズム運動の役割が大きく、「階層」に関する政策は労働運動とそれを基盤とする左派政党の役割が大きいとする。そして、宗教の影響力が大きい場合は教義的な政策が進展しないとする仮説を立てる。彼女たちの統計分析はこの仮説を概ね支持するものとなっている。女性への暴力撤廃については、独立したフェミニズム運動の影響力が強く、女性議員の割合以上にこの要因が効いていることを発見している。雇用機会の均等についても、左派政党ではなくフェミニズム運動の影響が強い。女性議員は家族法に関しては改革の主たるアクターではないものの、保守派の巻き戻しに対しては抵抗して食い止めているという。左派政党の強さは女性への暴力撤廃、雇用における男女平等、中絶には関係がなく、産休・育休にはプラスの影響を与えている。フェミニズム運動はこの点ではむしろマイナスの影響となっている。子育て支援については、フェミニズム運動が強い影響を与え、左派政党も一定の影響が認められるが、女性議員割合とは相関が見られない。女性差別撤廃条約の批准は少し時差を伴いながら、女性への暴力撤廃、雇用機会の均等、産休・育休に影響を与えているという。

彼女たちが発見した国際的な傾向は日本においても概ね確かめられる。非教義的/地位的争点においては、国際条約が大きな役割を果たしたといえるだろう。女性差別撤廃条約を批准するために男女雇用機会均等法が成立しており、また女性差別撤廃委員会からの指摘がその後の法改正へと繋がったことは前述の通りである。日本のフェミニズム運動は国際的に見れば強いとはいえないが、それでもこの争点領域で一定の政策の進展が見られたのは、女性差別撤廃条約の影響があるからであろう。もちろん、国際条約を批准させた女性運動の役割を軽視してはならない。また、女性議員の割合が低い割には世銀レポートのスコアが高いのも、女性差別撤廃条約の影響と考えられる。

ちなみに、日本は女性差別撤廃条約の選択議定書を批准していない。選択議定書とは、条約の実効性を強化するために、個人通報制度と調査制度の二つの手続きを導入するものであり、日本がこれを批准すれば個人や集団が女性差別撤廃委員会に対して直接通報できるようになる。二〇一九年には「女性差別撤廃条約実現アクション」(共同代表：浅倉むつ子・柚木康子)が結成され、選択議定書の批准を求めて署名活動などを行っているが、トゥンとウェルドンの研究からも、日本のジェンダー平等を進めるために重要な案件であることがわかる。

非教義的／階層的争点である産休・育休や子育て支援は、日本では労働運動や左派政党が弱いにもかかわらず進展が見られる。これは少子化対策として政府主導で進められてきたことが大きい。国際比較では必ずしも捉えきれない日本独自の政策動向として押さえる必要があるだろう。この点は改めて後述する。

なぜ選択的夫婦別姓とセクシュアル・リプロダクティブ・ヘルス／ライツは進まないのか？

教義的／地位的争点の最たるものは選択的夫婦別姓である。日本は世界で唯一、婚姻カップルが同姓を名乗ることを強制する国となってしまった。同様の制度を持っていた国が次々と法改正をするなか、日本では一九九六年に法制審議会が法改正を求める答申を出して以降、反対派の抵抗にあい膠着したままとなっている。それはこの争点が日本の政治文脈では教義的なものとして位置づけられるからである。教義的な争点は、宗教右派の政治力が強まるほど進展が難しい。

二〇二二年七月、安倍晋三元首相が銃弾に倒れ、事件の背景に(旧)統一教会への怨嗟があったことから、宗教右派と自民党との深い関わりが明らかになりつつある。(旧)統一教会だけではなく、神道政治連盟や日本会議などが反対する選択的夫婦別姓、女性天皇、ＬＧＢＴＱ＋差別禁止などは、これらの団体の支援を受ける自民党議員が強い抵抗を示し、政策実現が阻まれてきた。

セクシュアル・リプロダクティブ・ヘルス／ライツの分野では、母体保護法により人工妊娠中絶は一定の条件下で認められているものの、刑法にいまだに自己堕胎罪が残されている。母体保護法の前身である優生保護法は、優生思想の観点から「不良」な子孫の出生を防止する目的を持ち、障がい者への強制不妊手術を認めていた。一九九六年に母体保護法に改正された際に優生思想に基づく条文は削除されたが、配偶者の同意が必要である点は残された。配偶者による強姦が犯罪と定められていないことと合わせ、性行為および生殖について、夫が決定権を握ることが法的に保証されている。また、中学の学習指導要領に「妊娠の経過は取り扱わないものとする」という「はどめ規定」があるため、包括的性教育が実施できない。つまりは、日本では女性の自己決定権は確立しているとは言い難いのである。選択的夫婦別姓ほどには社会運動が盛り上がっていないため、宗教右派からの抵抗も見えにくいかもしれないが、ここもまた教義的な争点であるため前進が難しい案件であるといえる。

塚原久美の『日本の中絶』が簡潔に指摘するように、戦後の日本は「中絶天国」と呼ばれ、中絶が避妊代わりに使われてきたのが実態だった。一部中絶を合法化する転換となるのは佐藤栄作首相が規制強化の方針を示してからであり、一九七〇年代と八〇年代には生長の家などが優生保護法を改悪し中絶を厳しい制限下に置こうとした。この時期には女性の贖罪意識が刺激される水子供養が人為的に作り出されてもいる。もっとも、実態は商業的な目的を持ったブームであった。優生保護法改悪はフェミニストや障がい者による阻止運動によって頓挫したが、自己堕胎罪撤廃には至っていない。宗教右派と自民党の深いつながりがある限り、自民党政権下において実現する可能性は極めて低いといわざるを得ない。

教義的／階層的争点の中絶・避妊の公費支援についても、同様の理由からやはり進展はしていない。日本では妊娠初期の中絶方法としてWHOが安全性に問題があると指摘する掻爬（器具を子宮に入れて内容物を掻き出す手法）がいまだに行われている。吸引法というチューブ状器具を用いる手法と合わせて、基本的には外科手術という女性の身体および精神にとって負担の大きい方法しか選択肢がない状況が続いている。二〇二一年一二月にようやく人工妊娠中絶ができる経口薬が承認申請され、承認の見込みとなった。ただし費用への不安の声も上がっている。世界九〇カ国で市販されている緊急避妊薬（アフターピル）も日本では医療機関の処方箋が必要で、価格も六千―二万円と高額である。予期しない妊娠の結果、赤ちゃんの遺体を遺棄したとして罪に問われる未成年や外国籍の女性の事件がたびたび報道されている。日本に暮らす女性全体が安全に中絶することができない状態に置かれているが、経済的に脆弱な層は一層の困難に直面している。

トゥンとウェルドンの研究は、女性議員の多さはジェンダー政策の進展にはあまり影響を与えていないか、争点によってはマイナスの影響を与えており、むしろフェミニズム運動の重要性を見出している。このことは、フェミニズム運動に支えられた女性議員が重要であることを示している。日本の自民党に見られるように、世界的にも保守党においてアンチ・フェミニズムの女性議員が増えていることもあり、女性議員の増加だけでは不十分であることがわかる。逆に、たとえ数としては少なくても重要な働きをする女性議員がいることでジェンダー平等政策が進展する実態もある(詳しくは第7章で見ていく)。

男性稼ぎ主モデルからの脱却?

法制度や慣習・慣行、意識といった女性の人生を取り巻く構造を見てきたが、ここで実態面を見ていこう。

女性の経済的自立の観点から日本の状況を見れば、男女賃金格差は二一・五%とOECD諸国では三番目に大きい。管理的職業に就く女性の割合は一三・二%で、欧米諸国の三―四割とも大きく引き離されている(二〇二二年版『男女共同参画白書』)。働く女性の半数以上が非正規雇用で、非正規雇用の七割近くが女性である。正規と非正規の賃金・待遇には大きな格差があり、それを是正する法的基盤を欠いているのは見てきた通りである。

先進国では男性が一家の大黒柱となって家族を養う賃金(家族賃金という)を受け取り、妻は専業主婦となる「男性稼ぎ主」モデルが戦後において標準的なものとなっていた。工業化が進展し、フォーディズムと呼ばれる生産様式に基づいた大量生産大量消費時代を背景に、男性が家族を養うだけの家族賃金を稼ぐことができるようになったからである。男性稼ぎ主型の家族は核家族を標準とし、近代家族とも呼ばれる。落合恵美子が指摘するように、日本で男性稼ぎ主が一般的になるのは欧米先進国よりかなり遅く、専業主婦世帯数がピークを迎えるのは一九七五年である。戦後直後はまだ第一次産業が占める割合が大きく、農業や自営業では夫婦で共稼ぎすることが一般的だったからである。高度成長期には第二次産業が拡大し専業主婦化が進むが、一九七〇年代後半からは早くも女性は主婦パートとして働きに出るようになる。さらに一九九〇年代半ばになると、共働き世帯と専業主婦世帯の数が逆転し、現在はおおよそ二対一の割合で前者が多い。

女性が働きに出るということは、女性が担っていたケア労働(家事、育児、介護)を誰かが分担しなくてはいけなくなることを意味する。インフォーマルに親族が担うのでなければ、公的な保育・介護施設に頼るか、あるいはベビーシッターや家事手伝いを供給する市場に頼ることになる。

先進国は男性稼ぎ主型から概ね三つの方向に分化してきた。一つ目は、男女がともに対等に働く社会であり、「対等な共稼ぎ型」といえるだろう。この場合は、ケア労働は家族の外部で担われる。二つ目は男女が対等に働き、そしてともにケアを分担する「共稼ぎ・共ケアラー型」である。これが成立するには、ケア労働がある程度外部化されるとともに、男女の労働時間がケア責任と両立できるよう適正化される必要がある。三つ目は性別役割分業を維持しなが

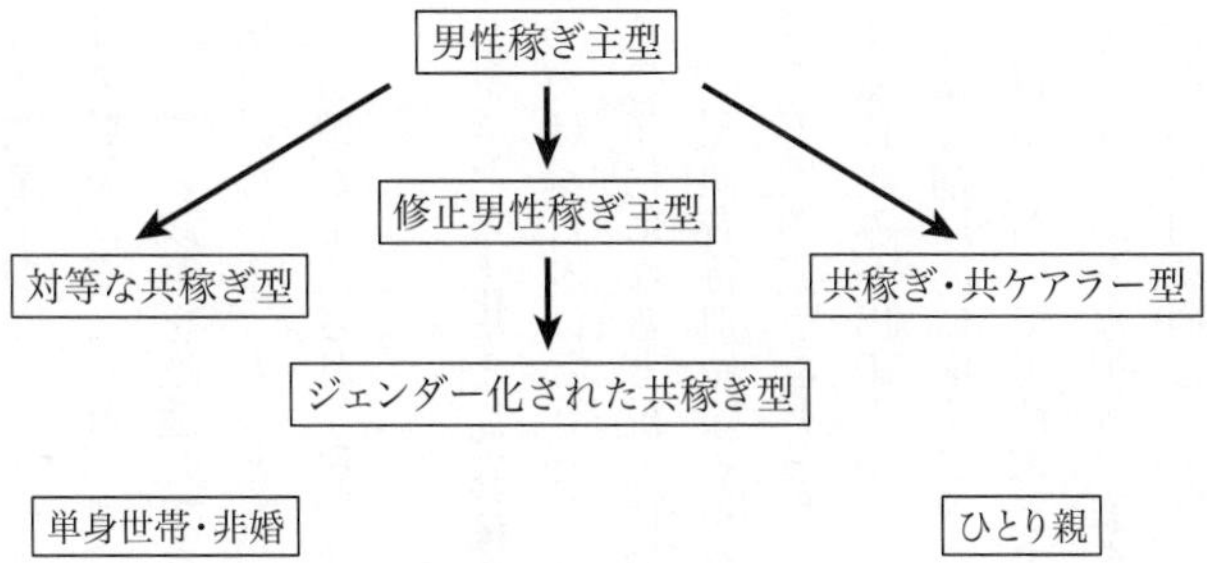

図表6　男性稼ぎ主モデルからの脱却

出典：筆者作成.

ら、女性の社会進出が進むパターンである。女性が家計補助的にパートタイムで働くのであれば「修正男性稼ぎ主型」へ、さらに女性が長時間働くのであれば「ジェンダー化された共稼ぎ型」になる(図表6)。

対等な共稼ぎ型に近いのがアメリカで、職場における女性差別撤廃を徹底させることで、管理職における女性割合は四割を超えて世界的に見ても最高水準である。しかし、子育て政策への公的支援が弱く、産休さえ法制化されておらず、共稼ぎ家庭は市場でケア・サービスを購入しなくてはならない。経済力によって購入できるサービスの量・質は異なり、富裕層を除けば安価なサービスを求めることになり、ケアを担う移民労働者など低賃金の女性労働者を呼び込む構造となっている。白人女性が白人男性と伍して対等に稼ぐ状況は整えられつつあるが、国内および国際的な経済格差と人種差別を利用することによって成立するモデルといえる。

北欧諸国がたどった道は「共稼ぎ・共ケアラー」である。女性の就労と子育ての両立を支援する政策が整えられ、さらには男性の育児休暇の拡充により、男性のケアへの権利保障が進む。これらの政策を推進してきたのが社会民主主義勢力であることもあり、格差拡大は比較的抑え込まれている。もっとも、女性の雇用が公的部門や福祉部門で多く創出されたため、男女の職域分離が形成され、民間企業の管理職の女性割合はアメリカほど高くはない。

ジェンダー化された共稼ぎ型へ

では、日本はどうだろうか。一九七〇年代から女性のパート労働が政策的に推奨され、一九八〇年代になると税・社会保障制度でも女性の家計補助的な働き方を支える仕組みが整えられた。配偶者特別控除や年金制度の第三号被保険者制度などにより、「一〇三万円の壁」や「一三〇万円の壁」などと称されるように、女性の年収が一定額を超えないように就労調整を誘導する仕組みが出来上がった。一九八〇年代以降の日本は性別役割分業を維持しながら、妻があくまで補助的に働くことを促進する「修正男性稼ぎ主型」へと移行してきたのである。

日本において男性稼ぎ主モデルが強く維持されているのは、男性には終身雇用を保障することで安上がりな福祉国家を築いてきたからである。拙著ではこのような日本型の福祉国家モデルを「雇用を通じた福祉」と名付けた(『私たちの声を議会へ』)。これが成立するには、労働市場が「ジェンダー化された二重構造」を成す必要がある。ほぼ全ての男性に終身雇用を保障するには、バッファーとなる非正規雇用を組み入れなければならず、女性、とりわけ男性の稼ぎ主と世帯を共にする妻がその役割を担うことが想定された。一九八五年には男女雇用機会均等法が成立し、二〇〇七年には強化されるなどして、女性が男性並みに働くことを後押しするようにはなっているが、それはあくまで一部の女性にとどまる。男性の働き方はそのまま維持されたからである。

近年では共稼ぎ世帯が大多数となり、子育てしつつ働く女性が増えてきたことで、「ジェンダー化された共稼ぎ型」へと進みつつあるといえるだろう。女性にとっては対等な共稼ぎになろうとしても、男性並みに長時間労働をこなすことのコストが大きく、色々なことを諦めてそのようなキャリアを目指す女性はこれまではあまり多くなかったといえる。そうした男性並みのキャリアを目指す生き方は、女性誌などでは「バリキャリ」と呼ばれ、一方で仕事と家庭生活をそれなりに両立させる生き方は「ゆるキャリ」と表されてきた。「ゆるキャリ」はどちらかというと家庭生活を重視するので、ケア責任と衝突しない限りで働くことになる。夫は正社員で、妻はパート労働や派遣、あるいはワーク・ライフ・バランスが充実した一般職に就いている層である。「ゆるキャリ」という言葉を使うと、女性たちが人生を充実させるためにそうした働き方を積極的に選んでいるかのように聞こえるが、実態としては、「母親罰(motherhood penalty)」あるいは「ケア罰(care penalty)」が強いために「ゆるキャリ」を選ばざるを得ない構造がある。「母親罰」「ケア罰」というのは、母親としてケア責任を抱えると男性のようには働けなくなり、昇進や賃金面で不利な扱いという「罰」を受けるという意味である。

山口一男の統計分析は、高卒の男性の方が大卒の女性よりも管理職割合が高いことを発見しており、日本では学歴よりもジェンダーによって経済力が決定されるという、近代社会では考えられない実態がある。そして女性管理職が少ないことが日本の男女賃金格差の大部分を説明するという。大企業では入口の段階からコース別雇用管理が敷かれることが多く、総合職に占める女性割合は二〇一五年でも二二%しかいない(厚生労働省「平成二六年度コース別雇用管理制度の実施・指導状況」)。さらには出産・育児を通じて女性は管理職トラックから外れていく。大沢真知子は高学歴で正規職に就く女性たちが、職場で期待されず機会を与えられていないために、仕事にやりがいが見出せず退職していく実態を明らかにしている。こうした「母親罰」が重い限り「ゆるキャリ」層が厚く形成され、「ジェンダー化された共稼ぎ型」が維持されることになる。

労働人口が減少するなか経済界は女性の労働力に頼らざるを得ない。日本が低成長から脱するために、女性の就労を通じた経済成長モデルの「ウーマノミクス」に期待を寄せるのもそのためである。二〇一五年には女性活躍推進法が施行され、大企業(二〇二二年からは中小企業にも拡大)においてどの程度女性が活躍できるのかが可視化されるようになった。実際に第二次安倍政権下での女性の就業率の向上はめざましいものがあり、二〇一〇年の六〇・一%から二〇二〇年には七〇・六%へと一〇ポイント以上の上昇となった(一五―六四歳女性)。男性の雇用環境が悪化しており、妻が家計への貢献度を引き上げざるを得ない経済情勢もある。このような変化を受けて、新たなモデルとして野村総研が「フルキャリ」を提唱した。これは「ライフイベントにも前向きなキャリア志向」とされ、その層を育成するための企業の取り組みを推奨している。果たしてこの傾向は「ジェンダー化された共稼ぎ型」からの脱却に繋がるのだろうか。鍵を握るのが男性の働き方とケア責任である。

進む子育て支援策とセカンド・シフト

男女で働き方が異なる、つまりは働き方がジェンダー化されているのは、女性がケア責任を大きく担っているからである。ケアへの公的支援が拡充すれば、家族が担うケア責任の一部は緩和されることになるが、同時に男性がどこまでケアを引き受けるかが重要なポイントとなる。SDGs(持続的開発目標)においても、目標5のジェンダー平等に、ターゲット5－4「公共のサービス、インフラ及び社会保障政策の提供、並びに各国の状況に応じた世帯・家族内における責任分担を通じて、無報酬の育児・介護や家事労働を認識・評価する」が入っているのは、このためである。つまり、無償ケア労働の時間を効率化などによって減らし(reduce)、家庭内で公平に分担し(redistribute)、そしてケア労働者の報酬や待遇を適正な水準へと引き上げる(reward)ことによってケア労働の価値を社会として承認する(recognize)ことが求められている。

国際指標では日本の子育て支援は比較的充実していることが示されていた。しかしながら「少子化対策」として拡充したため、ジェンダー平等を目指す政策として位置づけられているわけではない。この点は重要である。経済的な男女格差が残るのは、ジェンダー視点を欠落させた少子化対策が推進されてきたからである。ケア労働者の報酬を適正な水準へと引き上げることや、家庭内で無償ケア労働を公平に分担することは、なおざりにされてきた。

宮本太郎によると、子育て支援策に影響を与えた有識者たちは北欧モデルを目指してきたという。女性が働くことと子どもを持つことのどちらかを選ばざるを得ない状況を改善するために、保育園の拡充が求められ、実際にも量的拡大が図られてきた。しかし、自民党長期政権において女性がタダで育児を担うべきものとする保守的な考え方を抱く層の政治力は強く、せめぎ合いのなかで実際の政策は中途半端なものにとどまっている。

日本の子育て支援策がジェンダーギャップ解消に繋がりにくいことは、政策の中身を見ると一層明らかである。子育て支援策は現金給付(児童手当や育児休業給付)、サービス給付(保育施設)、時間給付(育児休業)の三つからなる。このうち、サービス給付を充実させることが母親罰を軽減するためには必要であり、また経済格差解消には現金給付が有効である。時間給付は男女が平等に取得すればジェンダー平等に貢献するが、女性に偏るのであれば逆行する。女性だけが長い育児休業を取ってしまうと、キャリア面で不利になるからである。

二〇二一年のユニセフ(国連児童基金)の調査によると、日本は育児休業については四一カ国中一位の充実度だが、保育・幼稚園(未就学教育)の利用率は三一位、保育の質は二二位、保育料は二六位となっている。調査では、男女ともに賃金補償があり期間も長い育児休業が保障されている点を日本の特徴としている。男性の育休は制度面では世界一であるとしても、実際の取得率は低い(二〇二〇年現在、民間企業では一二・七%)。つまりは、女性の長い育休に依存した子育て支援策となっており、これではジェンダーギャップの解消には繋がらないのである。

さらには、育児休業給付を取得できる女性が極めて限られていることも指摘しなくてはならない。受給者は雇用保険加入者なので、自営業や多くの非正規雇用は制度が利用できない。酒井正・竹沢純子の推計では、生まれた子ども一〇〇人につき、育休給付を取得した女性は二九・一、男性は一・六でしかない(二〇一八年)。女性の育休取得率は八割を超えるといわれるが、これは雇用保険に入り、出産後も雇用を継続する女性を母数としているからである。実態は、母親の三割弱しか取得していないのである。ちなみに、出生した子ども一〇〇人との対比で取得件数を計算すると、ＯＥＣＤの平均は女性一一四・八、男性四一・五である。長期間にわたり分割して何度か取得できる国があるため、一〇〇を上回る数字となっているが、日本の取得件数は国際的に見て低いことがわかる。ちなみにスウェーデンは女性三八〇、男性三一四と、取得回数が多く、ジェンダーギャップはほぼない。日本の育休給付は受給資格や受給期間が制限されているため、取得できる親は限られ、しかも女性に集中している。もっとも、支給水準は比較的高い。つまり、制度が格差を生み出しており、この実態を大石亜希子は「育休リッチ、育休プア」という言葉を紹介して批判する。

二〇二〇年版『男女共同参画白書』によると、日本男性はOECD諸国のなかで最も短い時間しか無償労働に従事していない。男性は女性の一・七倍の時間を有償労働に費やすが、女性は男性の五・五倍もの時間を無償労働に費やしている。極端なまでに性別役割分業が維持されているのが日本の実情である。

女性がこれだけ多くの時間を無償労働に費やしているということは、働く女性が増えたとはいえ、アーリー・ホックシールドが「セカンド・シフト」と名付けた状況に女性たちが直面していることを示す。これは女性は外で働くシフトが終わっても、家庭内で次のシフトが待っているという意味で、働く女性の過重な労働実態を浮かび上がらせる言葉である。

日本の六歳未満の子どもを持つ夫婦の生活時間を見てみると、夫有業・妻無業世帯の女性は週五六五分を家事・育児・介護に費やしているが、夫有業・妻有業世帯の女性は週三七〇分を家事・育児・介護に、週二五三分を外の仕事に費やしている。一方男性は妻が無業か有業かにかかわらず家事・育児・介護に費やす時間はほとんど同じである。前者で週七五分、後者で八四分となっている（二〇二〇年版『男女共同参画白書』）。この数字は有業女性たちがセカンド・シフトを担い、いかに大変な毎日を送っているかを如実に物語る。

竹信三恵子は無償労働の女性への偏りを、端的に「家事労働ハラスメント」と名づける。右の生活時間の極端な男女格差は、もはやハラスメントであると社会が認識すべきことを示す。

子育て支援がある程度は拡充し、第一子誕生後に働き続ける女性の割合は三割程度であったのが、二〇一〇年頃より四割程度に向上している。しかし、この一〇年間では変化がない。これは男性の働き方が大きく変化しなかったことの裏返しである。働く女性は平均値で見れば有償労働よりも長い時間を無償労働に費やしており、そして有業の妻を持つ夫は無償労働にさほど貢献していない。藤田結子が実態を詳細に描き出した「ワンオペ育児」というものが、単身赴任世帯ならずとも多くの共働き家庭の実態に近いことをこれらの数字は示している。

深刻化する女性の貧困

日本がジェンダー化された共稼ぎ型へと移行していったのは、労働市場と社会保障制度に組み込まれたジェンダー化された二重構造を温存した結果である。ケア責任を担う人びと（≒女性）への不払い賃金があって成り立つシステムである。

ケアの倫理を民主主義理論の観点から研究してきた岡野八代が指摘するように、「ケアを顧みないこと《ケアレスネス》」が日本でも君臨しており、本来はケアを担うものたち（≒女性）に社会は依存しているにもかかわらず、自立／自律していることを自認した個人が政治を率いてきた。このような政治において、ケアの価値を見直す政治が実践されなかったのは不思議ではない。

誰かがケアを担わなくては社会も経済も回らないにもかかわらず、それを担う者への対価は極めて低く据え置かれてきた。ケア提供者である女性は育児・介護と両立する働き方を求める結果、非正規雇用に集中し、家庭内で無償労働を引き受けているだけではなく、有償労働においても賃金が低く抑えられている。その理屈は、配偶者である男性が主たる家計維持者であるため、女性は家計補助的な働き方をしているとする考え方である。

こうした社会通念を竹信三恵子は「夫セーフティネット」論と絶妙に命名した上で、もはや夫はセーフティネットとは限らないという実態に警鐘を鳴らす。ＮＨＫと労働政策研究・研修機構（ＪＩＬＰＴ）の共同調査（二〇二〇年一一月一三―一九日）によれば、妻の家計収入への貢献度は、正規労働の場合は四二・七％、非正規労働の場合でも二三・八％である。男性の賃金が低下しているなか、妻の収入は補助ではなく家計を支えるものとなっており、妻の減収は生活の切り詰めに直結する。

専業主婦の場合は夫がセーフティネットになっているのかといえば、そうでもない。周燕飛は専業主婦の八人に一人が貧困に直面しているという衝撃的な実態を明らかにしている。つまりは、男性の安定的な雇用保障を前提に組み立てられたシステムはもはや崩壊しており、どのような働き方や結婚をするかにかかわらず、それぞれの生きづらさが形成されている。

女性が経済的に自立することが難しい環境が形成された結果、日本ではひとり親の貧困が深刻である。二〇一八年のひとり親世帯貧困率のOECD平均が三一・九％であるのに対して、日本は四八・三％と極めて高い(OECD Family Database)。阿部彩の算出によれば、二〇一五年時点で母子世帯(二世代)の貧困率は四八・三％、父子世帯(二世代)のそれは二二・四％と男女差が大きい。それだけではなく、働いたとしても貧困から脱することが難しいというのが日本の特色となっている。働いている母子世帯(二世代)の貧困率は四六％で、母子世帯帯全体の貧困率とほぼ変わらない。諸外国では就業することで家計が改善されるが、日本の場合は働いていても働いていなくても、貧困率に大きな差がない。また、六五歳以上の高齢単身女性の貧困率が高く、阿部彩によると二〇一二年以降は四五％前後で高止まりしている。

さらには、阿部彩や大沢真理が警鐘を鳴らすように、子どもがいる世帯や、成人が全員就労する世帯(夫婦共稼ぎ、ひとり親、単身)では、税・社会保障による再分配の恩恵が薄いだけではなく、時によっては持ち出しの方が多い逆転現象さえ生じている。極めて深刻な矛盾が存在するのである。

こうした状況に二〇二〇年以降はコロナ禍が加わり、飲食・宿泊業など女性の非正規雇用が多い産業が直撃を受けた。男性の失業が可視化されたリーマンショックとは異なり、コロナ禍は「女性不況」といわれるように、とりわけ女性の雇用を悪化させた。また保育園や小学校の休校・休園や登園自粛などにより家庭でケア責任を担わざるを得なくなった女性たちが、仕事や収入を失うという事態にも直面することになった。さらには、二〇二〇年、二一年と二年連続して男性自殺者は減少したが、女性では増加した。働く女性の自殺率は過去五年と比べて二八%もの増加となっており、二九歳以下の働く女性では六割増となっている(読売新聞二〇二一年一一月二日)。女性が経済的に極めて脆弱であることをコロナ禍が浮き彫りにしたのである。

性別役割分業を前提とし、女性を非正規雇用として組み込むことで男性の安定雇用を保障するというシステムは、もはや崩壊しているといっていい。二〇一五年頃には筆者自身は「機能不全」という言葉を用いていたが、それでは言い表すことができないぐらいに矛盾が深まっている。ジェンダー化された共稼ぎ型への移行は日本社会の格差と貧困の深まりとともに進行しており、「総負け組社会」が訪れているといってよいのではないだろうか。

「女性活躍」の名の下に、ごく一握りであったとしても、女性が登用されたイメージがあるかもしれないが、経団連の副会長に女性が一人就いた(南場智子)とか、連合の会長に女性が選出された（芳野友子）などだけで、あまりに少ない。これらの事例を「ガラスの天井」が破られたと見るのはミスリーディングである。ガラスの天井以前に、男女の職域分離や正規・非正規雇用の「ガラスの壁」があり、低賃金に女性が抑え込まれる「床への張り付き」が存在する。こうした根深い性差別構造が温存されたままでは、たまたま一人の女性がトップの座についても、その後に堰を切ったように女性たちが続くということにはならない。すでに指摘したように、政治においても状況は同じである。

日本人は何を選択してきたのか？

ここまで、日本では男性稼ぎ主型から修正男性稼ぎ主型を経て、現在ではジェンダー化された共稼ぎ型へと移行していることを見てきた。この変容は雇用政策や税・社会保障政策、子育て支援策などの積み重ねにより方向づけられたものである。制度や政策の影響によるということは、いくつかの政治決定の結果として形成された、つまりは、日本政治がジェンダー化された共稼ぎ型を選択したということになる。そして女性の貧困化もまた政治的選択の結果なのである。

もっとも、積極的にジェンダー化された共稼ぎ型を選んだ覚えはない、と多くの人は思うだろう。選挙の争点として、男性稼ぎ主型の是非が問われたことはない。しかしながら、このようなモデルは大枠では政治的理念やイデオロギーを反映するものであり、(新)自由主義的な勢力が強ければ対等な共稼ぎ型へ、社会民主主義勢力が強ければ共稼ぎ・共ケアラー型へ、そして保守主義勢力が強ければ男性稼ぎ主型の残滓《ざんし》がより強くなる。日本の場合は保守政党である自民党がほとんどの期間で政権に就いており、自民党のイデオロギーを色濃く反映する制度となっている。したがって、日本がジェンダー化された共稼ぎ型へと移行する道を歩んできたのは、自民党政権が続いた帰結である。

ただし、自民党自体が新自由主義的な改革を支持したり、自民党にとって危機的な状況下では野党の主張する社会民主主義的な政策を取り入れたりすることがあるため、実際の政治過程はもっと複雑である。また、官僚組織の意向ももちろん重要である。宮本太郎が鮮やかに描き出すように、日本の有権者が新自由主義、社会民主主義、保守主義の政策選択肢を明示的に提示されたこともなければ、それを自覚的に選び取ることもなかった。異なる政治潮流のせめぎ合いの結果として制度改革が積み上げられてきたのが実情である。

五五年体制崩壊以降は政党対立軸が不明瞭になり、選択肢は一層混迷を極めている。遠藤晶久とウィリー・ジョウによれば、若い世代は中高年世代とは異なり、自民党を「革新」として認知しているという。実際に選挙のマニフェストや公約を比べただけでは、ジェンダーや子育て支援に関する政党間の違いは見えにくいかもしれない。二〇〇九年の衆議院選挙では子ども手当、二〇一七年の衆院選では幼児教育無償化、また二〇一九年の参議院選挙や二〇二一年の衆院選では選択的夫婦別姓や子ども(家庭)庁が話題となった。ジェンダーや家族支援に関する政策は選挙の争点にたびたび浮上しているが、総論を欠いたまま各論を論じている状況である。つまり、性別役割分業をどの程度解消するのかに関する包括的な議論は活発とはいえず、またそれを促す法制度のオプションが提示され、有権者が選び取るような政治が出現することはなかった。そもそも、選挙において個別争点に基づいて投票先を決めることは稀であり、有権者は景気や与党への審判を手がかりに投票先を決めることが多いのが実情である。

社会民主主義という選択肢の不在

もうひとつ指摘しなければならないのが、日本の政党政治において社会民主主義が選択肢からすっぽり抜け落ちている点である。自民党が戦略的かつ部分的に社会民主主義的政策を取り入れることがあるとはいえ、そのような政策志向を持つ有権者の意向を束ねて表出する役割を野党第一党は担っていない。五五年体制が崩壊して以降、政党の対立軸は「保守」対「革新」ではなく、「保守」対「リベラル」あるいは「保守」対「改革保守」と移行してきた。あるいはもっと正確にいえば、「新右派連合」(「急進的ナショナリズム」と新自由主義の組み合わせ)対「リベラル」として展開した(詳しくは第7章)。社会民主主義という選択肢の欠落は、日本が共稼ぎ・共ケアラー型へと移行する道筋を阻んでいるといえよう。

男権的な自民党はもとより、どの政党においても女性議員は少なく、ジェンダー平等に熱心に取り組んできたとはいえない。少ないながらも決定的な役割を果たすクリティカル・アクターとなった女性議員たちがジェンダー平等政策を推進した結果、多少の前進が見られたが、それができたのも市民社会における女性運動との連携があったからである。

大枠としての保守政党による長期政権。対抗軸を形成したのは新自由主義的要素も取り込む「リベラル」であったこと。そしてほぼどの政党においても男性中心的な政治が続いていること。その男性政治を担う男性たちは(あるいは女性も)ケアを顧みない人たち《ケアレスな》である。これらの結果、人権という意味でも経済的自立という意味でも、女性の権利や地位は低く抑え込まれ、生き方の選択肢が狭められてきた。そして、ケアの価値も低いものとみなされ、ケアを担う女性たちの賃金も買い叩かれてきた。これらのことは女性の生きづらさの基底を成している。

では、なぜ男性政治がかくも長く続くのか。以下の章ではそれを見ていこう。

第3章 女性を排除する日本の政治風土と選挙文化

男性政治と地元活動

選挙に出ようと女性が意思を固め、そして当選しなければ女性議員は増えない。しかし、日本の政治風土と選挙文化は女性を遠ざけるものである。女性にとっては嫌厭《けんえん》したくなるような状況が作られているため、事実上、女性を排除する構図が存在するのである。本章では選挙に焦点を当て、男性政治がなぜ続くのかを見ていく。

政治家という職業は忙しい。特に小選挙区での当選を目指す衆議院議員はそうである。「金帰火来」という言葉が示すように、選挙区選出の国会議員は金曜日には地元に帰り地元活動をこなし、火曜日に永田町に戻ってくる。これは国会会期中のことであり、閉会中はもっと多くの時間を地元で過ごしている。この行動パターンは日本に特有ということではなく、小選挙区制の国で一般的に観察される現象である。

地元での日常活動は地元活動と呼ばれるが、一体何をしているのだろうか。なぜそこまで長い時間を地元選挙区で過ごすのだろうか？　政治家は当選しなければ議員としての活動ができない。実現したい政策があっても、再選され続けないと実行することができない。政治家が当選・再選のための活動に膨大なエネルギーを費やすのはそのためである。

では、当選するには何が必要なのだろうか。一般的に「地盤・看板・カバン」が重要だといわれる。地盤とは地域における支持基盤のことで、看板は知名度、カバンは資金である。地盤を形成するには、地域住民との日常的で密接な関わりが大切である。地域で催される様々な行事に顔を出し、地域住民に名前を浸透させ、地域の代表者であると認知してもらう。議員というのは地域の「顔」であるから、当然その顔が誰にでも知られる存在にならなくてはならない。そのために議員本人が顔を出し、地域の人々と対面で交流する活動が日常活動や地元活動と呼ばれるものである。

特に日本では地域イベントが数多い。新年会、出初め式、節分、卒業式、入学式、盆踊り、夏祭り、敬老会、運動会、秋祭り、忘年会など、年間を通して季節の行事があり、さらに地域ごとに祭りやイベントが催される。イベントへの出席は地域住民の話を聞き、地域課題を理解する重要な機会でもある。さらには後援会の活動があり、支持組織や推薦団体が催す行事や懇親会への出席、挨拶回りもある。集会に顔を出し、挨拶をし、顔を広げ、人脈を開拓することが、政治家にとっての重要な日常活動である。

地域密着型の政治活動は、国会議員よりも都道府県議会議員、さらには市区町村議会議員の方がより濃厚になる。地方議員が国会議員のための集票活動を担うことから、地方議員を取りまとめるためにも彼らと日常的に交流し面倒を見ることも国会議員には欠かせない。

政治家はなぜ夏祭りに来るのか？

　実際に夏祭りや運動会に政治家が来ることに居合わせたことのある読者も多いだろう。地方議員はもちろんのこと、国会議員までやってきて、時には挨拶することを不思議に思うかもしれない。私が議員の地元活動に興味を抱くきっかけになったのは、二〇一六年に辻元清美衆議院議員（当時）にインタビューをした時である。女性議員が増えない理由について伺うなかで、夏になると盆踊りを一日一〇カ所ぐらい回るという話を聞いた。毎回差し出される焼きそばを食べると、一日で一〇杯となる。こうした活動をこなせる人は、どのぐらいいるのだろうか。時間、体力、場合によっては旺盛な食欲もないと、こなすのは苦痛だろうと感じた。

　この話を聞いて以来、地元活動のあり方が女性の政治参画の一つの障壁になっているのではと考え、多くの国会議員に地元活動について尋ねてきた。おおよその傾向をまとめると、夏祭りや運動会は同じ日に集中して開催されるので、一日に何カ所も回る。運動会なら二〇カ所回ることも珍しくない。週末に開催されるイベントは、開催される地域との関係や集客の程度などを見計らいながら参加を決めていく。効率がよい時は、一日八件程度のイベントに顔を出す。地域イベントは馴染みの地域では票固めのため、そうではない地域では知名度を上げるために参加する。業界ごとのイベントは自分の政策的強みがあるところには重点的に対応する。

戸別訪問をこなすタイプの議員もいる。地図アプリに支援者をマッピングし、支持基盤となっているところ、新規開拓が必要なところを可視化する。その日の空いている時間を睨みながら、効率よく地域を回っていく。

とある組織力のある政党に所属する女性議員は、戸別訪問が過酷であると嘆いていた。組織票があるといっても、それを実際の票として積み上げていくには、対面で人と会い挨拶することが欠かせないという。

二〇二一年に政界引退をした山尾志桜里は一晩に七つの盆踊りをはしごしたり、正月は餅つき会場を全部回って、これ以上は入らないところまで餅を食べたりしたと語っている。「顔を出さないなら次は推薦しない」と推薦団体に言われた経験もあるという(朝日新聞二〇二一年一〇月一五日)。

選挙と対面主義

こうした地元活動に割く時間と永田町で国会活動のために割く時間の比率について、機会があれば国会議員に聞いているが、衆議院小選挙区選出の議員の場合は国会開会中であっても「三対七」という返事が多い。三が永田町、七が地元である。国会で鋭い質問を投げ話題になる議員も、実は政策のためにかけられる時間はあまり長くない。他方、参議院選挙区の議員に聞くと、「一〇対ゼロ」という答えが返ってきたことがある。知名度が高く、選挙も強いこの議員の場合は、地元活動をほとんど行っていない。ここまで極端な例は少ないかもしれないが、選挙区を持たない比例選出の場合は地元活動というものがない（集票基盤として重点的に活動する地域は存在する）。また参議院選挙区の場合は全県が選挙区となるので、衆議院の小選挙区のようには細かく回ることができない。選挙も六年に一回であるため、約二年半おきには衆議院選挙があり、またいつ解散されるかわからない衆議院とはプレッシャーが異なる。衆議院は「常在戦場」といわれるが（ちなみに、選挙に関わる言葉には戦争を連想するものが多いが、これも男性政治の所産であろう）、衆議院で女性がなかなか増えない構造的要因は、こうした選挙のあり方によるところが大きい。

地元活動に費やすエネルギーは選挙の強さにもよる。固い地盤を持つベテラン議員や世襲議員はそれほど地元活動に時間を費やさなくてもいいし、秘書や妻などが代理に出席することもある。ただ本人が出ると出ないとでは重みが異なるので、何にどのくらいの時間をかけて顔を出すのかのスケジューリングは、政治活動にとって重要な判断となる。

本人出席が強く期待される状況は「対面主義」とでも呼べるだろう。人と直接会い、雑談をし、飲食を共にすることで信頼関係を築いていくのは、政治に限らず社会一般に共通する人脈形成の基本であろう。選挙においては人間関係の積み重ねが票に繋がるので、地盤を形成していく過程において対面活動はとりわけ重要な役割を果たす。

世界で増える政治家の地元活動

アメリカ政治においても地元活動(constituency service)は再選のための重要な戦略となっている。著名な政治学者であるリチャード・フェノが著した『ホーム・スタイル——地元選挙区における連邦議員』(未翻訳)という書物は、アメリカの連邦議員が多くの時間を地元活動に費やしており、具体的にどのような活動を行うかには様々なスタイルがあることを鮮やかに描いた古典的名著だ。地元で過ごす時間が長いというのは日本の国会議員が突出しているわけではないが、後で述べるように、日本では対面主義の地元活動以外に再選チャンスを高める機会が少ないという事情がある。

地元活動のなかでも、多くの国で見られるものにケースワークがある。日本語では市民相談や世話役の語感に近い。これは地元住民からの個別の要望に応えていく活動で、典型的には年金が期限までに支払われていないといったクレームが議員事務所に持ち込まれ、議員が行政に掛け合って解決を図るものである。日本の場合は、年金の支給が遅れるといった話はほとんど聞かないが、生活保護を申請する際に議員が同行するとスムーズにいった、という事例はケースワークに相当する。行政が行うべきことに遅滞が生じている時に議員が介入する場合は、苦情処理機関の役割を議員が代行しているようなものである。もっとも、行政裁量が大きい時に議員が恣意的に介入した場合、それは口利きとなる。補助金の支給先の決定や公営住宅の入居の決定に議員が関与し、親族や支援者を優先させるよう圧力を行使し見返りを得たのであれば、あっせん利得処罰法に触れる行為となる。ケースワークは、あくまで議員の正当な活動の一環として、地域住民の悩みを聞き、行政との橋渡しをする活動である。

ケースワークには時間と人手がかかる。私が二〇一八年にインタビューをしたイギリスの国会議員の秘書は、週末には議員は地元選挙区に戻りケースワークをこなすが、一人では手が回らず、七—八人の秘書が分担をしていると言っていた。ケースワークで問題が解決した住民は次の選挙で票を投じてくれる可能性が高いから、再選活動としても手が抜けないのであろう。

このように、地元活動の比重が大きいというのは日本に限ったことではない。ピッパ・ノリスは、イギリスでは一九七〇年代と比べて一九九〇年代には地元活動の比重が二倍以上になったと指摘する。フィリップ・ノートンによれば、一九九六年にはイギリスの下院議員は議会の開会中は四〇%の時間、閉会中は六〇%の時間を地元活動に使っていたという。そして、二〇〇六年になると初当選議員は四九%の時間を使い、二〇一一年では五九%にまで上がっているという。日本と比べて遥かに政党中心で選挙が行われるといわれるイギリスにおいても、議員は多くの時間を地元活動に割いているのである。そしてその比重が高まっている。

IPU（列国議会同盟）と国連開発機構の共同調査によると、世界的に見て有権者からの地元活動の要求は上昇傾向にあるという。五分の一の議員が週四〇時間以上を地元活動に注ぎ、三分の一が二一―四〇時間を費やしている。世界的な傾向として、議員は地元活動に最も多くの時間を割いており、有権者も議員の役割として最も期待しているのが選挙区向けのサービスだという。

地元活動とジェンダーの影響

地元活動といっても様々な活動が含まれる。このうちケースワークは手間がかかるが、秘書に代行してもらうことが可能な活動である。日本の場合は対面での活動に重きが置かれ、広く住民と接するイベント参加から、特定の支援者や仲間との会食まで、本人が直接身を挺して行わなければならない活動が多いといえる。

村松岐夫・伊藤光利の『地方議員の研究――「日本的政治風土」の主役たち』は日本の政治風土を地方議員の研究を通じて鮮やかに描き出す古典的名著だが、ここでは地方議員の名誉的価値が低い都市部において地方議員への誘因は何かと問い、それは議員の仕事が「好き」で「性に合っている」と思っているからだと指摘する。仕事内容というのは、「地域の人々の細々《こまごま》とした世話をし、行政に橋わたしをし、議会や会派内で発言し、政策決定や行政遂行に何らかの影響を及ぼし、人々から一応丁重に扱われ、多くの会合に出席し、様々な人に会い人々の前で演説し、自分の後援会を組織し、それを維持するために興行主よろしくバス旅行や歌謡ショーのプランを立て、激しい選挙戦を闘う等々といった刺激的で変化に富み、退屈しない、さらに「人のために」なり、それでいてふつうの人の能力では容易にはできない——そういった活動」であるとする(二七頁)。地方議員の活動実態を見事に言い当てる文章だが、この現実は現在でも変わらないし、国会議員も地方議員ほどの密度で世話役機能は果たさないものの、こうした活動が性に合っている人ほど選挙は強いということになる。

ジェンダーの視点で地元活動を見てみるとどうなるだろうか。多くの人が集まる日中のイベントへの参加が女性議員にとって不利であるという話は聞かないものの、数多くこなさなければならないとか、週末にもある場合は、ワーク・ライフ・バランスを保つことは困難になる。また、この手のイベントは非政治的な集会であり、基本的には社交の場である。有権者の悩みを結果的に聞くことはあるものの、自らの政策を訴える場ではない。その場に姿を現し、地元の人たちのことを気にかけていることを示し、顔を広げることが主たる目的となる。これは人によって好き嫌いがあるようで、こうした社交活動にこそ生きがいを見出す政治家もいれば、政策実現のために時間を使いたい政治家もいる。実現したい政策があり、かつ使える時間が限られる場合(多くの女性はそうである)、こうした選挙文化の現実は政治家という職業の魅力を減じてしまうものだろう。

ケースワークの大変さは男女で変わらず、また秘書などの代理人に頼めるという点でもワーク・ライフ・バランスへの影響は少ないかもしれない。しかし、多数の秘書を抱えなければ多くの案件を処理できないとなると、資金力が必要になってくる。政党からの支援が薄く、男女の賃金格差が大きい状況では、一般的に女性の方が不利な立場に置かれるだろう。

戸別訪問も気力、体力、時間の必要な地元活動であるとの声を聞く。これは日本に限ったことではない。イギリスの女性参政権運動の中核を担った一人であるミリセント・フォーセットの活動を引き継ぐフォーセット協会の調査では、多くの女性候補者が過酷な戸別訪問によって家庭生活が犠牲になったと述べている。イギリスの場合は公認を得る選考過程が時には長期に及び、その間は政党への貢献度や忠誠度が試され、戸別訪問を数多くこなさければ公認されないという圧力に晒される。イギリスのように政党中心の選挙が実施されていても、党内で公認を勝ち取るにはやはり「時間」という要素が必要になってきて、ここでは女性が不利になることが多い。

＃飲み会を断らない女

二〇二一年二月に「＃飲み会を断らない女」というハッシュタグがネットを賑わした。これは菅義偉《すがよしひで》政権で内閣広報官を務めた山田真貴子氏の言葉である。女性が成功する条件として、「どれだけ多くの人に出会い、多くのチャレンジをしているか。イベントやプロジェクトに誘われたら絶対に断らない。飲み会も断らない。断る人は二度と誘われません。幸運に出会う機会も減っていきます」と述べたことに由来する（一般社団法人「超教育協会」の動画）。飲み会を断ってはいけないという教えは官僚でなくとも、政治家の、あるいは広く一般の処世術として実に言い得て妙だろう。男性だけのホモソーシャルな飲み会に女性は誘われないのだから、せめて声がかかった時には軒並み参加しなくては、人間関係も築けないし、情報も入ってこない。「幸運」という名前のチャンスに巡り会えなくなるというわけだ。

コロナ禍では、多人数での会食を自粛するようにと政府の新型コロナウイルス分科会が呼びかけていたにもかかわらず、政治家が夜の会食に参加していたことが何度も取り沙汰された。会食というものが政治家にとっていかに重要な政治活動であるかを物語る。仲間を作り、支援者の輪を広げる再選活動にあたって、会食が果たす役割は大きい。

しかし、飲酒を伴う宴席はセクハラの温床でもある。女性にとっては、しんどい場になりかねない。宴席にはコンパニオンがいることも珍しくないと聞く。そもそも、そうした会食に出るのは圧倒的に男性だ。政治家が会食までして会うのは、地域社会あるいは日本経済において大きな影響力を持っている人たちである。経済も地域社会も、実権を握っているのはほとんど男性である。男性のホモソーシャルな絆が、会食や、あるいはゴルフなどのスポーツを通じて形成されている。

比例区選出で組織票がバックにある場合は、地元地域での活動こそないものの、組織票をまとめるための各種会合には出席を求められる。日本看護協会のような女性職能団体を除けば、国会議員を輩出できるだけの組織のトップはほぼ全て男性で占められている。結局のところ、女性議員たちは男性たちに囲まれ、男性たちの話を聞き、男性の話に合わせ、男性たちが気分よく過ごせるよう気働きをする場を繰り返し経験していくことになる。

飲み会も、お祭りも、何もかも断らずに必死で人脈を広げた先には何が待っているだろうか。少なくとも、プライベートな時間はほぼなくなる。そこまでの犠牲を払ってもなお政治家になろうとする意志を持てる人しか議員バッジを付けられない選挙文化を、私たちはこの先もずっと維持すべきだろうか。

男性化された政治家モデル

これまで見てきたような政治のあり方を前提とすると、女性が候補者になりにくい構図が鮮明に浮かび上がる。国会議員になるには、基本的には政党から公認されることが必要である。都道府県議会でも政党の影響は大きい。大選挙区である市区議会では、無所属や市民派の議員も多く、これまで述べてきたような再選活動とは異なるやり方で当選が可能である。都市部の市区議会では女性が三割、四割を占めるのも珍しくなくなってきたのは、そのためである。

しかし国政と都道府県議会においては当選に必要な票数が市区町村議会よりも多く、したがって組織の影響力が強まり、政党の役割も大きくなる。そこで誰が候補者になれるのかの生殺与奪権を握っているのが政党である。つまりは、女性議員が少ないことに対して第一義的な責任は政党が負っているのである。公明党や共産党は女性擁立に積極的に取り組んできたが、多数の議席を持つ自民党が女性を擁立してこなかったことが、全体的な女性の少なさに繋がっている。

政党の候補者擁立過程は政治学では「秘密の花園」と呼ばれるぐらい、不透明なものである。人事権というのはどのような組織でも最も重要な権力の源泉である。政治において候補者を擁立する、あるいは公認を出すことは権力の行使であり、そこに介入し影響力を及ぼすのは政治力そのものである。自身に近しい候補者が議員になれば、自分自身の勢力が拡大するわけだから、公認の決定は勢い権力闘争に発展しかねない。実際に実力者がぶつかり合い保守分裂選挙になることは、決して珍しくない。

日本の政党はどこも候補者選定過程は極めて不透明である。メディアの監視の目も届いていないため、候補者がどのような理由で、どのような過程を経て、党の公認を得たのかを知ることができない。選定の過程で女性が不当に低い評価を得ていたとしても、それを正すこともできない。候補者を選定するという極めて重要な過程について、日本の政党がほとんど説明責任を負っていないということ自体が異常なことである。女性議員を増やすため、また有用な人材が政治家になる機会をもっと広げるため、候補者選定過程を透明にし、民主化していくことは、日本の民主主義の刷新のためにも避けて通れないテーマである。

前衆議院議員で民主党系政党から五回国政に立候補している井戸まさえは、民主党では比例名簿の順位は公示の朝までに党の責任者(幹事長など)が独断で決定していることが多かったと著書『ドキュメント　候補者たちの闘争』で振り返る。自民党においても事情は変わらないという。公認権を党幹部に集中させることは、党内対立を必要以上に激化させないためには必要かもしれないが、説明責任をどのように確保するかを問う必要があるだろう。

「秘密の花園」のなかで小選挙区立候補者の公認がどのように決まるのかといえば、現状では相当ケースバイケースである。自民党や民主党系の政党では、党本部の幹事長や選挙対策委員長が最終的な権限を持つとはいえ、地方組織(またはその地域での実力者)の影響力は大きく、都度調整をしながら決めていくのが実態である。選挙が選挙区単位で実施される以上、地域の事情を熟知する地方組織が大きな発言権を持つことは当然ともいえるが、地域の視点と中央の視点は時には食い違うことになる。地方組織は地元利益を増進してくれる人、中央は権力者の権勢拡大に貢献する人、という視点の違いがあるからだ。

とはいえ自民党は、中北浩爾の言葉を使えば「当選第一主義」で候補者を選んでいる。勝てる候補者のイメージは中央も地方もほぼ一緒である（民主党系の野党も事情は変わらない）。前述のような当選に必要な活動を前提に、地元活動を精力的にこなせる人が勝算の高い望ましい候補者像ということになる。つまりは、「私生活を犠牲にして、政治活動に全力投球できる」というのが不文律として存在する。地元活動はエンドレスである。日常活動といわれるぐらい、日常的に行う活動である。週末や夜間に行われることも多く、休みが取れないだけではなく、ケア責任とは完全に衝突する。また、どこまでやれば当選が確実になるのかは不透明であり、ライバルが激しい活動を展開している場合は、活動量を増やさざるを得なくなる。

ここで求められている政治家モデルは、ケア責任を免責されているという意味で男性化されているといえるだろう。任期中に出産を経験する女性議員が有権者から「職務放棄」と非難されるのも、男性化した候補者／議員モデルが暗黙のうちに想定されているため、そこから逸脱した行為が咎められるのである。

地元が政治家に求めるもの

地方議員の擁立においても事情は変わらず、大木直子の研究では、自民党にとっての理想とする議員像は「政治活動にいくらでも時間をかけられ、家事や育児などの家庭内の役割を担う必要のないこと」にあることを見出している。

家庭生活と両立しない働き方が議員に求められる背景には何があるのだろうか。それは「地元代表」であるという意識である。自民党を中心に、地方組織の関係者に対して、求めている候補者像について話を聞くと、そこから浮かび上がるのは地域を代表してくれるのが彼らにとっての最善の候補であるという意識である。地元出身者で、地元の人をよく知っている人であれば、決して地元を裏切らず、地元に利益を還元してくれるに違いないという期待があるため、地元度が高いほど望ましく、中央の意向で押し付けられる落下傘候補を諸事情から受け入れざるを得ない時は、本人の「心掛け」が様々な局面で試されることになる。

政治家を選挙区利益を代表する人と捉えるのであれば、地元利益を最も増進する人を候補者に選ぶのは理にかなっているし、その際の基準が地元度であるのも頷ける。特に、社会的インフラが未整備で、地域がしのぎを削って公共事業や補助金を獲得していた昭和の時代には、有権者が国会議員に求めた役割も地元利益の増進が多かった。

国会議員の集票活動を支える地方議員が地域利益を代表する活動に注力していることも、全国民の代表であるはずの国会議員の候補者像に地元度が求められることに繋がっている。春日雅司は地方議員を集票基盤の観点から地元型、政党型、市民型に分類する。地元型とは町内会、自治会、部落会など地区組織を支持基盤の中核とする議員のタイプである。政党型は政党組織を基盤とし、市民型は候補者の主義・主張に賛同する一個人から票を集めるものである。地元型は自民党または保守系政治家とほぼ重なり、政党型は公明党や共産党が多く、市民型は無所属や生活者ネットワークに多いパターンである。春日らの二〇〇二年の調査では、男性地方議員の六―七割が地元型であるのに対して、女性は政党型と市民型が多いことを明らかにしている。都道府県議会では男性は六二%が地元型だが、女性は八・八%である。

地元を代表するということは、利益を分配する役割を期待されるとともに、地域社会を代表する「顔」であることを期待されてもいる。名誉的な役割であり、象徴的な代表ともいえる。この役割を女性が果たすことが難しいのは、地域社会が家父長制的で、町内会や自治会などが家長を中心に運営されていることも影響していると考えられる。町内会の意思決定が一家一票で運営されている場合、男性の家長が一票を持っていることが想定されており、このことは女性参政権がいまだ実現していない現実が地域社会には残っていることを意味する。女性地方議員に政党型や市民型が多いのも、こうした地域社会の壁に阻まれ、地元型の集票基盤を築くことが難しいことの表れでもある。

作家の森まゆみは、谷中・根津・千駄木の地域雑誌を創刊、編集する経験を振り返り、「地域という所は男性優位の無法地帯だった」と述べている。威張っているのは町に何代にもわたって住んでいる高齢の男性で、祭りやイベントでは女性は料理や男性の接待をするのが当たり前だという。東京下町の現実は地方においても同じであろう。

地方議員のタイプにジェンダーが色濃く影響していることは、国会議員にも影響を与える。選挙区内の地方議員と良好な関係を築くことが国会議員の当選確率を高めることになるが、それは特に地元型の男性議員からの支援ということになる。もしそうした議員が女性を蔑視していたり、あるいは高学歴・キャリア女性にどう対応していいのかがわからなったりする場合、女性候補者は男性候補者以上に苦労を強いられることは想像に難くない。井戸もまた地方議員との関係を理由に選挙区を変更させられるという経験をしている。

ガラスの下駄を履く男性

ケア責任を免責された政治家の男性化モデルについて、データ面からも確認しよう。

筆者の研究チームでは日本、韓国、台湾の国会議員を対象に二〇一七―一九年にアンケートを実施し、立候補を決意する際に不安に思った要素について尋ねた。[1] 五つの要素について、「とても不安に思った」から「全く思わなかった」までの四段階で尋ね、図表1では不安に思うほど点数が高くなるように表示している。男女別の平均値を見ると、「政治家としてワーク・ライフ・バランスを確保しにくいこと」「政治家になると自身のプライバシーが確保でき

■女性 ☑男性

		女性	男性
知名度	日本	2.9	2.8
	韓国	2.9	3.1
	台湾	3.3	3.2
資金力	日本	2.8	2.8
	韓国	2.4	2.5
	台湾	2.9	2.8
家族からの支援	日本	2.0	1.9
	韓国	3.5	3.4
	台湾	3.7	3.7
ワーク・ライフ・バランス	日本	2.4	1.9
	韓国	3.1	2.8
	台湾	3.2	3.1
プライバシー	日本	2.7	2.1
	韓国	2.7	2.5
	台湾	2.8	2.6

0.0　　1.0　　2.0　　3.0　　4.0

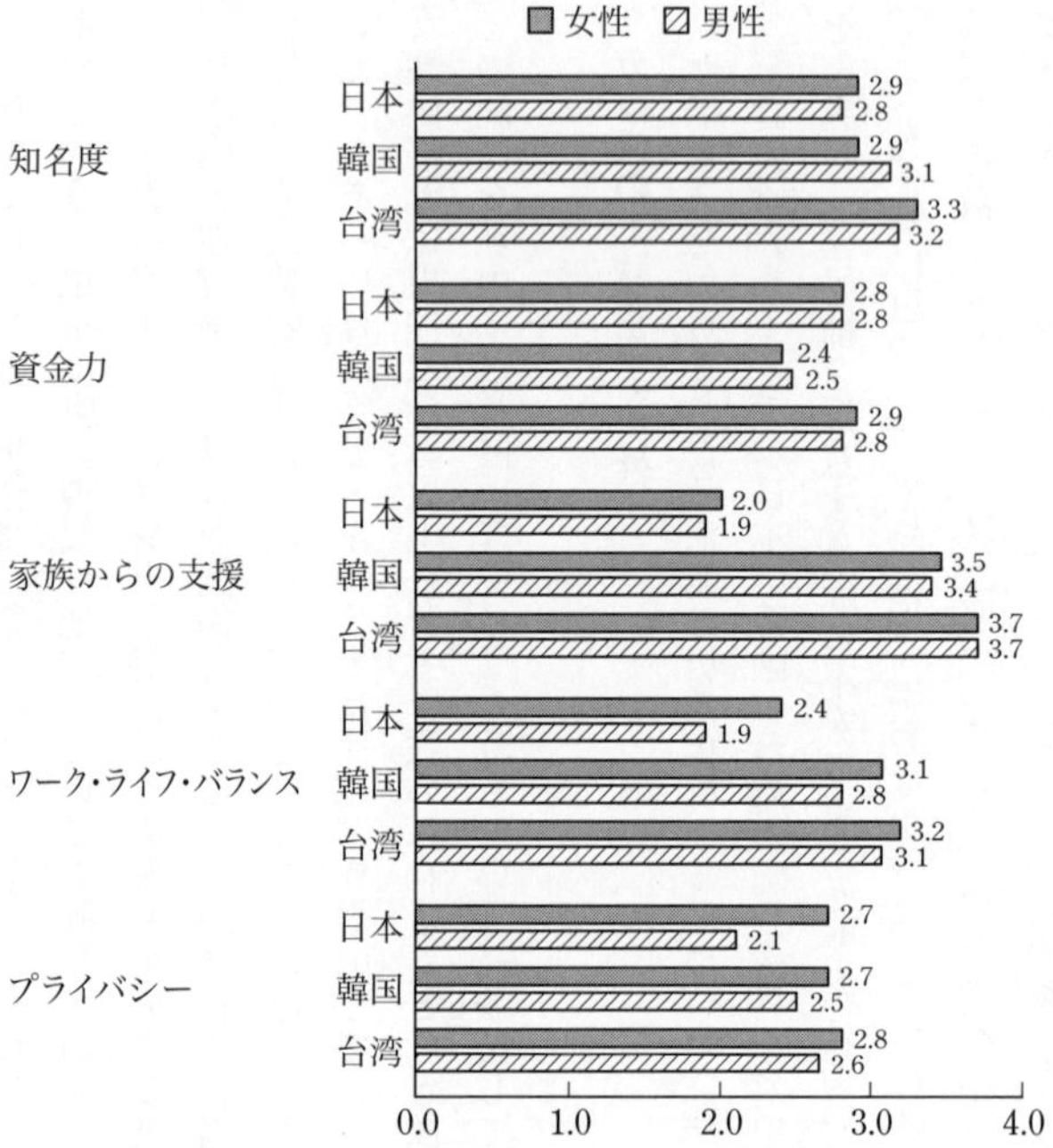

図表 1　立候補を決意する際に不安に思った要素

出典：筆者作成.

ないこと」「政治活動の経験が少ないこと」において有意の性差が見出された。女性の方が男性よりも、ワーク・ライフ・バランスやプライバシーが確保できないことに悩み、また政治活動の経験が少ないことを案じていることがわかる。

別の言い方をすると、男性回答者の三七・〇％はワーク・ライフ・バランスが確保できないことについて全く不安に思わなかったと答えており、

100

女性回答者の一五・八%と大きな差が出ている。さらに日本の状況を韓国、台湾と比較すると、日本の男性議員はワーク・ライフ・バランスを案じる傾向が最も低いという結果が出ている（日本一・九、韓国二・八、台湾三・一）。つまりは、日本の男性議員はケア責任を免責されている度合いが突出して高いのである。

第2章で、日本の男性は無償ケア労働に割く時間が国際的に見ても少ないことを見たが、政治家においても事情は同様のようだ。韓国、台湾と比べて政党単位ではなく個人中心の選挙戦を強いられる度合いの強い日本において、ケア責任を抱えて政治家になるのは一層難しいことを示しているともいえる。男性政治家がケア責任を免責されているということは、「ガラスの下駄」を履いているようなものである。クオータ制をめぐっては、女性に下駄を履かせるものだという言い方がなされることがあるが、実態は男性がすでに下駄を履いているのである。ガラスの喩《たと》えは見えないことを意味しているから、シークレットブーツといってもいいかもしれない。

こうした見えにくい障壁というのは、「特権(privilege)」の裏返しである。男性であればあまり感じなくていい、悩まなくていい、当たり前に享受できることが、女性だと不安に思ったり、得ることが難しかったり、多くの努力や犠牲が伴う場合、それは男性特権があるということになる。ダイアン・グッドマンが述べるように、「特権」というと特別な権利があるように聞こえるかもしれないが、そういうことではなく、ある属性には何の苦労をせずとも得られることが、ほかの属性では難しいという意味である。当たり前すぎて気づきにくいというのも特権の特徴である。男女という区分については、ケア責任を免れることができるというのも男性特権の一例である(それ以外の男性特権については第5章で見ていく)。家事や育児を担ってくれる妻を伴侶にする男性が多いが、女性はそうでもない。また、女性が家事や育児をしなかった場合に罪悪感を覚えたり、周りからの非難を浴びたりすることは、男性がそのような目にあうよりもずっと多い。こうした事柄が男性特権なのである。

別のデータで同じ状況を確認しよう。二〇二一年に公表された内閣府男女共同参画局委託事業『女性の政治参画への障壁等に関する調査研究報告書』(以下、内閣府調査)によると、地方議員が議員活動を行う上で感じる課題として、二番目に性差の大きかった項目が「議員活動と家庭生活との両立が難しい」ことであった(図表2)。女性回答者の三三・七%がそう答えたのに対して、男性でそう回答したのは一三・七%だけであり、両者の差は二〇ポイントになる。なお、一番性差が大きかった性別による差別やセクシャルハラスメントについては、改めて第5章で述べる。

性差の大きいものとして、「地元で生活する上で、プライバシーが確保されない」も五番目にあがっており、一二・七ポイントの差となっている。これもまた男性特権の一例である。こ

図表2　議員活動を行う上での課題　性別間ポイントが大きい順(性別，%)

順位	項目	男性	女性	ポイント差
1	性別による差別やセクシャルハラスメントを受けることがある	2.2	34.8	32.6
2	議員活動と家庭生活(家事，育児，介護等)との両立が難しい	13.7	33.7	20.0
3	専門性や経験の不足	41.8	58.8	17.0
4	政治は男性が行うものだという周囲の考え	14.5	30.6	16.1
5	生計の維持	38.3	25.6	12.7
〃	地元で生活する上で，プライバシーが確保されない	23.9	36.6	(同率)
6	人脈・ネットワークを使って課題を解決する力量の不足	22.2	34.8	12.5

出典：内閣府男女共同参画局委託事業『女性の政治参画への障壁等に関する調査研究報告書』(2021年)，表4-35.
注：網掛けは，回答率が他方の性より高いことを示している.

れは、女性議員には男性議員以上に家族関係や男性関係にメディアの関心が向かうことを反映しているだろう(メディアのジェンダー・バイアスについては第4章で述べる)。また、子どものプライバシーを守りたいと思う気持ちが女性の方に強いのかもしれない。先に紹介した日本、韓国、台湾の比較調査でも(図表1)、立候補にあたっての不安要素として、プライバシーが確保できないという点については性差が見られ、特に日本では大きい。男性回答者の三一・七%が全く不安に思わなかったのに対して、女性ではその比率は七・九%にとどまる。女性議員がプライバシーが確保できないことを不安に思う程度は三カ国で大差はないが、日本の男性議員は韓国、台湾の男性議員と比べると気にかける程度が最も低い。

議場から追い出された赤ちゃん

男性がケア責任を免責されているということは、女性議員が出産・子育てをすることへの無理解に繋がる。二〇一七年に熊本市議会で緒方夕佳議員が生後七カ月の乳児を連れて議会に出席したところ、退席を要請される事態となった。市議会ではその後、議会規則を改正し、子連れでの議会入場を実質的に禁止した。議員運営に関する申し合わせでは、「行政視察は議員本人以外の者の参加は認めない」「議員の服装は正装にする」ことが明記された。これでは、乳児を連れて視察に参加できないし、母乳育児をしている母親が授乳服を着用することも難しくなる。「障がいのある議員の介助者は認める」とあり、母親議員が狙い撃ちされたような改正である。

議場に乳児を同伴することはニュージーランド、オーストラリア、カナダ、スペイン、アルゼンチン、EU議会などでは認められている。イギリスでは女性議員が長年要求をしているものの認められていない。論点は公共空間での授乳の是非と絡むが、熊本の場合は授乳を求めたものではなく、ケア責任と議員活動の両立について議会としてどのような配慮を行うべきかを問うものであった。あるべき議員像が男性化されているため、議員が出産をしたり、育児をしたりするということが想定をされていないのである。車椅子を用いる議員が誕生したならば、議会はスロープを設けるなどの改修を行い、その議員を排除しないようにするだろう。実際に国会では車椅子を使用する議員が誕生したことで、そうした合理的配慮がなされている(障害者差別解消法で求められてもいる)。熊本市議会はケア責任と議会活動が両立できるよう配慮をしないどころか、排除する措置にまで出たわけである。なぜケア責任を抱える議員に配慮する必要はないと議会は決定できるのだろうか。

二〇一八年に成立した政治分野における男女共同参画推進法には、基本原則として議員活動と家庭生活との両立を図る旨も盛り込まれた。地方議会では欠席事由に出産や育児を認めることも広がり、出産休暇の期間も明記されるようになってきた(詳しくは第6章)。ケアのための休暇を議員も権利として取得できるようになったのは大きな前進であるが、ケア実践は育児休暇期間だけでは終わらない。ケアする人が十分な時間を取れない場合、ケアが必要な人(子どもや高齢者、障がい者、病人など)を危険に晒すことになる。また、ケア責任を負わないことが議員の標準型として捉えられているということは、議員本人や家族のケアを負担する誰か(多くの場合は議員の妻)を不可視化し、その人たちの無償ケア労働に議会活動が依存していることを社会として忘却することになる。

ケア責任を免れた男性をモデルとする議会のあり方は、女性議員の参入を難しくすると同時に、ケアの価値を社会的に承認することとも相入れず、ケア責任を男女でどのように分担していくかという社会課題を解決する場としての適格性にも欠ける事態となっている。

政治は男性のもの？——変わる意識

ここまで、女性が排除される政治の仕組みとして、望ましい政治家モデルが男性化しており、女性は擁立されにくいこと、また男性には見えない特権があり、立候補を決意するにしても女性よりも障壁の数が少ないこと、議員活動も男性モデルを基準に組み立てられてきたことを見てきた。

政治の世界はほぼ男性で占められ、そのことがあまりに日常の風景となってしまったことで、そのおかしさが指摘されないまま現在まで維持されている。それは、政治は男性のものだという意識がまだまだ根強く残っているからかもしれない。内閣府調査では女性回答者の約三割が「政治は男性が行うものだという周囲の考え」を壁として捉えている（図表2）。この数字は多いとも少ないともいえる。

政治は男性のものという意識は、有権者の間ではどの程度強いのだろうか。世界価値観調査では「一般的に政治指導者は男性が適している」ことへの賛否を尋ねている。図表3では過去五回の調査において、賛成寄りの回答をした割合を男女別に掲げた。比較のために、韓国、台

図表 3 「一般的に政治指導者は男性が適している」に賛成する割合（男女別）

年		1995–98	1999–2004	2005–09	2010–14	2017–20
日本	男性	47.6	33.5	35.0	31.5	27.1
	女性	38.6	28.0	26.1	24.2	19.0
韓国	男性	70.9	52.7	65.5	49.8	58.8
	女性	54.7	34.6	51.1	38.2	45.5
台湾	男性	43.3		44.3	26.7	21.7
	女性	47.4		41.4	22.4	21.6
アメリカ	男性	34.1	26.0	26.7	24.3	20.2
	女性	23.6	17.7	21.9	14.8	12.9
スウェーデン	男性	17.1	19.3	7.1	12.3	6.6
	女性	16.2	17.4	8.2	9.2	3.8

出典：世界価値観調査.

湾、アメリカ、スウェーデンも載せてある。約二五年間の変化を見ると、どの国も賛成割合が下がる傾向にあること、また男女差もあることが見て取れる。日本では一九九五―九八年には男性の四七・六％、女性の三八・六％がこの考えに賛成をしていたが、二〇一七―二〇年ではそれぞれ二七・一％、一九％まで下がっている。アジアで女性議員割合が最も高い台湾と比べても、日本は同程度あるいはむしろ低いことは興味深い。

対照的なのは韓国で、一直線で下がらずに時期によって増減が見られ、現在でも五割近くが賛成している。MeToo 運動が世界で最も盛り上がり、フェミニズムのポピュラー化が進む韓国であるが、ジェンダー・バイアスも依然として強く、社会のなかで意見が真っ二つに割れている状況が窺える。女性議員割合では長い間世界一位を維持していたスウェーデンの場合は、性差が小さい。二五年前は男女合わせた平均は一七％だったのが、直近では五％(男性六・六％、女性三・八％)まで下がっている。アメリカはこのなかでは中間的だ。日本の現在の水準はアメリカの約二〇年前と同じである。

日本のデータを見る時に注意をしなければならないのが、「わからない」と答える人の多さである。日本はそれが突出していて、二―三割台となっている。ほかの国はゼロ―数％である。態度を表明したくない、あるいは本当にわからない回答者がとても多いのである。しかし、少なくとも明確に政治家は男性の方が良いと態度表明する人の割合は確実に下がっている。本当はそう思っているが、そのように公言することは憚《はばか》られると考えている人は「わからない」の回答のなかに紛れ込んでいるだろうから、この意見に賛成する人の割合は賛成の数値よりも高い可能性がある。

日本の二〇一七―二〇年調査(実施年は二〇一九年)を世代・性別に分けて見ると、それぞれ大きな差が見出せる。驚くべきことに、二九歳以下の女性については六％しかこの意見に賛成をしていない。若手女性の意識はもはやスウェーデンと同水準である。他方、同世代の男性は一七％と、女性との差が大きい。また、三〇―四九歳の女性は一五・五％、男性は二四・九％である。中年世代の女性も支持する人は少ないことがわかる。しかし五〇歳以上の男性は二九・七％、女性は二三・四％である。性差とともに世代差も大きい。

政治は男性のものであるとか、政治指導者には男性が向いているといった意識は、女性政治家が増えれば薄まっていくことが考えられる。もっとも、女性議員が増えたわけでもないのに、日本の二〇一七—二〇年調査で賛成割合が減ったのは、社会の意識覚醒を表しているのかもしれない。このデータからは実態面ではジェンダー平等はあまり進展していないものの、規範意識は速いテンポで変わっている可能性が示唆される。

問題は候補者擁立に関わる政治関係者が五〇歳以上の男性で占められていることだ。その層の意識は若い世代、特に若手女性とは大きな乖離がある。このことが、女性議員にとっては「政治は男性が行うものだという周囲の考え」が議員活動の障壁として感じられる背景をなしていると思われる。

女性の政治参加は低調?

地域利益を中心に組み立てられた日本の選挙文化は多くの女性たちを政治から遠ざけるものであるが、実際にどのくらい女性たちは政治に参加していないのだろうか。

投票率で見ると男女差はなく、むしろ女性が男性を若干上回る傾向にある。戦後直後は男性の方が女性よりも多く投票していたが、市区町村議会では一九五一年から女性が男性を上回るようになり、都道府県議会選挙では一九六三年、参院選では一九六八年、衆院選では一九六九年からそうである。

もっとも近年では男性の投票率が女性を若干上回る傾向にある。それは、高齢女性の投票率が同年代の男性よりも低いからである。二〇二一年の衆院選では、八〇歳以上の女性の投票率は四二・五%なのに対し、男性は五九・七%と大きな差があり、高齢女性が投票弱者となっているのが実情だ。他方で、一〇代、二〇代の有権者ではほかの世代よりも男女差が大きく、女性の方が男性よりも投票に行っている。特に一八―一九歳では女性の投票率は四五・七%、男性は四〇・九%と四・八ポイントの差があり、二五―二九歳では女性が四二・二%、男性が三六・七%と五・五ポイントもの差がついている。今後の動向に注目が必要だ。

アメリカでも女性の方が男性よりも一般的に投票率が高く、これは義務の意識が女性の方に強いことに由来すると考えられている。しかし投票以外の政治参加では女性の方が低調である。ナンシー・バーンズらは、政治的な意見を表明する、ほかの人に対して投票先を説得する、自分には変化を起こす力があると感じる、政治について学び政治の議論を楽しむといったことについて、女性は男性よりも消極的であると論じる。

日本でも同様の傾向となっている。政治家・官僚との接触、選挙や政治についての集会参加、選挙運動などにおいて女性の方が男性よりも経験が少ないことが、山田真裕の研究で明らかにされている。

政治家から見ても、政治に積極的に声を届けようとするのは男性が多いため、女性たちの存在は見えにくくなっている。参議院議員の打越さく良は立候補前は弁護士として選択的夫婦別姓訴訟に関わってきており、ジェンダー平等政策を推進することも立候補を決意した動機であったが、選挙運動に女性が参加しにくい現実があるため、女性政策を思っていたほどは打ち出すことができなかったと述べている(筆者との私信)。

男性たちは地域や業界を単位として政治に関わり、自分たちの利益を代表する政治家を見つけ、応援し、そして見返りを得ている。しかし女性たちは投票には行くものの、政治を嫌厭し、なるべく関わりを持たないようにしている。女性政治家が少ないことも足を遠ざけさせる一因であるが、政治参加のジェンダーギャップは女性候補者が女性有権者と繋がる機会を減じているという意味で、堂々巡りの状態にある。

そのような政治文化のなかで立候補を決意する女性というのは、大山七穂や安藤優子の研究によると、身内に政治家がいたため幼少期から政治を通じた人的交流を経験し、そのことが動機づけとなる場合が多いという。そのような血縁関係のない女性の場合は、何らかの、多くの場合は個人的な理由によって強い動機を抱くようになったのでなければ、やはり政治は自分とは関係のない遠い世界に映ってしまうのである。

隠れたカリキュラム

政治への関心も性差がある。アメリカの大学生(一八—二五歳)の政治関心を調査したジェニファー・ローレスとリチャード・フォックスによると、男性の方が両親から政治の道を考えるよう促される傾向にあること、女性の方が学校での経験、友人との関わり、メディアを通じて政治情報に接する機会が少ないこと、男性の方が団体スポーツ競技を経験し勝つことにこだわること、女性の方が立候補を勧められる経験が少ないこと、女性の方がキャリアを確立したとしても自分が立候補するだけの資格があるとは思わない傾向にあることを指摘する。

日本でも事情はあまり変わらないことが想像される。例えば文部科学省の『男女共同参画の推進に資する教員研修プログラムの開発に向けた調査研究報告書』によると、共学の中学・高校において過去三年間に生徒会長が全て男子生徒であった割合は、中学で一九・八%、高校で一三・一%もある。逆に全て女子生徒であった割合はそれぞれ六・二%、五・一%である。生徒会という若年期の政治体験においてすでに性差が生じているのである。文化祭の実行委員長ではそれほど大きな性差はないが、スポーツ大会の実行委員長や応援団長となると、全て男子生徒の割合は一五—二五%となる。女子生徒は二%以下である。スポーツという装置が性別役割規範と男尊女卑を強化するものであることがここでも確認できる。

教育現場においてリーダーの役割は男子が担うものという意識が刷り込まれる可能性が残っ

ており、そのような環境では女子がリーダーシップを取ることの意欲が阻害されてしまう。ジェンダー・ステレオタイプが助長されるような学校教育のあり方を「隠れたカリキュラム」と呼ぶが、学校生活において性別役割規範が残存することが女性の政治参画に負の影響を与えているのである。

女性の方が男性よりも政治に関する情報に接していなかったり、政治的意見を表明しなかったりする傾向にあるのは、男女の教育格差が一因と考えられている。ところが教育の男女格差が解消してもなお、政治参加やリーダーになることの動機面での性差は根深く残ることが指摘されている。政治以外の話題では女性も男性と同様に積極的に発言するのが、政治となると状況が一変してしまうのである。知識、資源、スキルなどの欠如といったことだけでは性差を説明できず、政治への意欲に立ち入って、性差を理解し、是正に向けた働きかけが必要であることが示唆される。

女性の方が男性よりもみんなの前で話したがらない傾向について、クリストファー・カーポウィッツとタリ・メンデルバーグは、その場において女性が一定の数を占めることとともに、どの発言も尊重される温かい雰囲気も必要であると論じる。競争的で敵対的な環境において自己主張することは女性らしいと思われていないため、そうした場で発言することに女性はためらいを感じがちであるというのだ。敵対的な国会論戦は女性が自分の居場所とは感じられない一因となっている可能性がある。ジェンダー役割やジェンダー規範が女性政治家にとっても、また女性有権者にとっても、政治を遠ざける要因として働いている。

そうだとすると、男性が政治を占有し、わずかばかりの女性が時々参入を許されても、男性に適合的な慣行が維持され、その結果女性をさらに遠ざけるという悪循環が続くことになる。男性が意図的に女性を排除しているわけではなくても（そういう場合もあるが）、ジェンダーの影響によって女性が足を遠ざけたくなる状況が作られ、再生産される現状を変えていく必要があるだろう。

女性を排除する政治はなぜ続くか？

ここまで、日本の選挙文化に根強く残る対面主義が男性支配の政治を維持させてきたことを見てきた。地元活動は普遍的な現象であり、比例代表制で政党単位の選挙が行われる北欧諸国でも実施されている。地元活動の比重が高いことは、日本だけの特殊な現象というわけではない。また、地元活動が不必要であるとか、無意味であるともいえない。議員が地元の有権者と出会い、要望を聞くことのできる重要な機会でもあり、民主主義の観点から必要なことである。前述の辻元議員も夏祭りを何カ所も回ることを否定的に捉えていたわけではない。八月は国会も閉会しており、むしろ夏祭りで地元の声に耳を傾けることに意義を見出していた。先に紹介したIPU・国連開発機構の共同調査でも、議員は選挙区向けのサービス活動にやりがいを見出していると指摘している。

問題は選挙での当落が地元活動の総量で決まってしまうのであれば、女性は男性に比べて不利な傾向にあり、また地縁の薄い議員も不利になるということである。日本において世襲議員の割合が高いのも、世襲議員が非世襲議員と比べて地元活動の面で最初から優位に立っていることを示す。

安藤優子の『自民党の女性認識――「イエ中心主義」の政治指向』は自民党女性議員のキャリアパスを詳細に分析し、自民党は、女性の新規参入には「血縁力」が物をいうシステムであることを鮮やかに論証する。集票システムの基盤が個人後援会であり、それを継承する世襲(安藤は世襲を広く捉え、血縁継承者と呼んでいる)候補者は公認されやすい立場に立つ。二〇一二年に当選した自民党の女性衆議院議員の四三%、二〇一四年には四八%が血縁継承者で、その割合は男性よりも多い。さらに地方議員出身者では七五%と極めて高い割合となる。

では、地元活動の総量はどのくらい選挙に影響を与えるのだろうか。濱本真輔と根元邦朗によると、選挙区活動が得票に結びつく程度は低下しているものの、議員は選挙区活動を増加させているという。なぜなら、利益団体を通じた集票活動が低下傾向にあり、自民党に関しては集票を支えていた地方議員の数が市町村合併によって減少したことがある。つまり再選基盤が不安定化すると、国会議員は地元活動を増加させる傾向にあることがわかる。二〇〇〇年代後半は民主党が自民党を追い上げ、二〇〇九年には実際に政権交代が起きたが、この時期には中堅以上の自民党議員も活動量を増やしていたという。

ピッパ・ノリスとジョニ・ロヴェンダスキーのイギリスでの研究でも、地元活動の量が選挙結果に与える影響はないか、あっても極めて小さいことが指摘されている。ただし地元活動によって得票率が一・二%上がったこともあり、激戦区では看過できない数字である。

つまりは、再選が不安視されるほど地元活動が増える傾向にあり、逆に、選挙の顔である党首の人気が高かったり、全国的な争点への関心が高かったりする状況であれば、地元活動が当選に与える影響も下がるということであろう。投票率が低いほど組織票や固定的支持層の重みが増し、地元活動の成果も出やすい。投票率が高くなり、無党派層に向けたアピールがもっと必要になると候補者が判断する状況になれば、時間当たりのコストパフォーマンスの悪い対面活動を減らし、SNSなどを通じた広報戦略を重視するようになるだろう。あるいは候補者同士の政策討論会が一般化すれば、政策が強い候補が有利になってくる。

従来型の選挙文化では、当選の可能性はかけられる時間に比例していたところがある。特に地盤も看板もない場合はなおさらである。「私生活を犠牲にして、政治活動に全力投球できる」人ほど再選可能性が高い、したがって政党もそういう人物を求めてきた。この条件に当てはまるのは女性よりも男性の方が圧倒的に多い。

従来型の選挙文化は無党派層を中心に有権者を政治から遠ざけるものである。同時に、有権者の政治への無関心は従来型の選挙文化を再生産させるものでもある。この負の循環を断ち切り、有権者が議員の立法活動にもっと関心を向けるようになれば、費やす時間の長さに偏重した候補者選定基準も変わっていくことになるだろう。

地域単位の政治からの脱却

女性地方議員に市民型が多いことは示唆的である。女性を排除する政治構造のなかで、地方政治において女性たちは異なる政治スタイルを編み出し、異議申し立てを行ってきた。このことは第7章で見ていくが、地方政治において展開された女性の政治参加は国政では政党の壁に阻まれている。

ここで重要になるのは、地域単位とは異なる利益を汲み取るような選挙制度を構想することである。地域単位の利益というのは、私たちの社会で政治的に表出され、行政の対応が求められる利益の一部でしかない。生活のなかで直面する様々な問題について、私たちが政治的な対応を求めたいと思う案件は様々である。安心・安全な社会を実現することは政治の最も根源的な役割であろう。しかしながら現在において、私たちが不安に思うことは、地域単位では語れないことが増えてきた。長時間労働の是正、安定した雇用、学費の値下げや奨学金の充実、医療保健体制の充実といった生活の安定に関わることや、第2章で見てきたジェンダーに由来する生きづらさはどれも地域単位に落とし込めるものではない。地方政治の権力構造が「男性優位の無法地帯」で維持されている限り、こうした案件は埋もれ、政治的解決が遠のくことになる。

つまりは、地域政治が男性政治の基盤を成しており、男性政治を変えるということは、地域政治を変えることと不可分である。地域における女性の良質な雇用を増やしたり、地域社会における女性の発言権を高めたりする取り組みも不可欠だ。男女同権の町内会運営も必要である。小選挙区などの地域単位の選挙区は、すでに出来上がっている地域の権力構造(＝男性政治)を温存させる。比例代表の役割をもっと強めるといった改革を実施しなければ、男性政治を打破することは難しいだろう。

注

1　日本調査は二〇一九年に毎日新聞社と共同で実施し、回収率は一九・九%。韓国調査は二〇一七年、台湾調査は二〇一八年に実施し、それぞれ回収率は五〇%となった。日本チームには申琪榮、スティール若希、韓国チームには李珍玉、権修賢、台湾チームには黄長玲、楊婉瑩が参加した。この図表の分析は楊婉瑩、権修賢と筆者による。科研費18H00817の助成による成果の一部である。

第4章 女性に待ち受ける困難

——障壁を乗り越える——

政治家になるための障壁

これまでの章では現在の選挙文化が女性を排除する構図となっていることを見てきたが、それでも多くの女性たちが選挙に挑戦し、一定数の女性議員や首長が誕生している。女性政治家たちはどのような困難を乗り越え、その地位に辿り着いたのだろうか。

政治家になるための標準的なステップを考えてみると、ステージごとに女性と男性とでは異なる状況に置かれていることが多い。政治家になるためには「障壁」があり、それは誰であれ乗り越える必要があるものだが、時には男女で異なるものとなっている。その障壁の性差はジェンダーによって形成されていることから、日本だけではなく多くの国で共通している。国際的な研究を引きながら、日本の状況を確認していこう。

ＩＰＵが世界の国会議員を対象に実施した調査では、政治家になることを阻害する要因には性差がある。男女別のトップ5を比較した図表1からはジェンダーの影響が明瞭に見て取れる。女性にとって最も高い障壁となっているのが「家族的責任」である。他方、これは男性ではトップ5に入っておらず、大きな障壁とはなっていないことがわかる。女性のトップ3には「女性役割への期待」「家族からの支援の欠如」も入っており、女性にとっての主要な障壁は女性として期待される役割や家族との関係となっている。四番目には「自信のなさ」、五番目には「資金のなさ」があがっているが、この二つは男性にも共通する障壁である。ただし、どの程度影響するかの比重については、女性の方が男性よりも一層強く影響すると回答している（四段階で影響度を聞き、値が高いほど障壁が高いことを意味する。「自信」は女性三・一、男性は二・六、「資金」は女性三・一、男性は二・七である）。

男性の障壁を見てみると、女性と比べると家族のことをあまり気にかけないで済んでおり、むしろ有権者や政党、あるいは自分自身の政治経験について悩んでいる様子が窺える。

政治家になるための障壁について、以下ではもう少し詳しく、ステップごとに見ていこう。

図表1　政治家になるための障壁（男女別）

順位	女性にとっての障壁	男性にとっての障壁
1	家族的責任	有権者からの支援
2	女性役割への期待	資金のなさ
3	家族からの支援の欠如	政党からの支援
4	自信のなさ	政治経験のなさ
5	資金のなさ	自信のなさ

出典：IPU(2008).
注：2006–08年に実施した世界110カ国の国会議員272人への調査結果.

「応募してくださらない限りは選びようがない」

二〇二一年の衆議院選挙で自民党の候補者のうち女性は九・八％と少なかったことを問われ、甘利明幹事長は「応募してくださらない限りは選びようがない」と説明した（朝日新聞二〇二一年一〇月二〇日）。この発言からは、手を挙げる女性が少ないことが主たる理由だと言っているように聞こえる。自民党に限らず野党でも、挑戦する女性がいないとの声をよく聞く。

政治学では、女性政治家が少ない要因として、女性が立候補する意志が弱いことが問題なのか(供給面)、それとも政党側が女性を擁立しないことが問題なのか(需要面)、論争が繰り広げられてきた。前者であれば女性を勇気づけるようなセミナーが有効であろうし、後者であれば政党が数値目標を掲げることなどが処方箋になってくる。もっとも、この二つの側面は独立したものではなく、政党側に女性を積極的に擁立する意志が見られないために、女性が手を挙げにくいのかもしれない。たとえ志のある女性が少ないように見えても、女性側の問題であると短絡的に考えるのではなく、女性たちが意志を形成する構造に立ち入って理解する必要があるだろう。手を挙げる女性が少ないのは、男性支配的な政党の現実を反映している可能性が高いからだ。

アメリカも世界的に見て女性議員が少ない国である。二〇二二年一月現在、連邦議会下院の女性割合は二七・七%で、世界七二位である。アメリカで女性議員が少ない理由として指摘されてきたのは、女性は男性と比べると自分が候補者として相応しいと思うことが少なく、「野心」あるいは「意志」が足りないという点である。政治を志す意志に性差が生じている理由として、ジェニファー・ローレスとリチャード・フォックスは以下の七つの理由を挙げる。

①女性は男性よりも、選挙が競争的で、女性候補者へのバイアスがあると感じる傾向にある。
②二〇〇八年の大統領選挙におけるヒラリー・クリントンとサラ・ペイリンのメディア報道を通じて、選挙戦にはジェンダー・バイアスがあるという女性たちの認識をさらに悪化させた。
③女性は男性よりも、候補者に相応しいと思わない傾向にある。
④女性の潜在的候補者層は男性と比べると競争心が少なく、自信がなく、リスクを敬遠する傾向にある。
⑤女性は男性よりも、現代の選挙戦を否定的に捉える傾向にある。
⑥女性は男性よりも、立候補を勧められることが少ない。
⑦女性は子育て・家事の大半をいまだに担っている。

この七つの要因は日本にも当てはまるものだろう。第3章で見たような日本の選挙文化は女性を政治から遠ざける背景を成しているし、女性政治家がメディアやネットで叩かれる姿を見れば、ジェンダー・バイアスの強さを感じることにもなる。

自ら手を挙げる男性、声をかけられる女性

これらはどれも私たちの意識に深く沈潜する性別役割規範と深く関わるものである。女性は家庭という私的な領域で固有の役割を与えられているという性別役割意識からすると、政治家は女性にとっては最もかけ離れた役割ともいえる。また、政治家になるには、メディアや有権者からの時には苛烈な査定を受け、プライバシーを失い、辛辣な批判や誹謗中傷を経験することになる。これに耐えうる資質としては、自信があること、羞恥心が少ないこと、自己顕示欲が強いこと、失敗を恐れないこと、競争心が強いことなどがあるだろう。男性にはこうした資質が求められる傾向にあるが、女性はむしろ逆の性質を求められてきた。女性が激しい権力闘争の場である政治を忌避する傾向にあるというのも、そうしたことに関心や意欲を見せることは女性らしくないとか、はしたないといった抑圧的なメッセージを周りから受けることがあるからである。さらには、家族のあいだで政治について語り合う経験が女性は男性よりも少なく、政治への関心を抱きにくいこともある。

女性が自ら手を挙げることが男性よりも少ないのは、こうしたジェンダー規範の影響が複合的に作用しているからである。その結果、女性は声をかけられて初めて政治家という職業を意識する場合が男性よりも多い。イギリスのフォーセット協会が実施した国会議員アンケートでは、女性の七五%、男性の五四%が誰かに勧められて立候補を決意したという。逆の言い方を

すると、約半数の男性は自ら手を挙げたが、女性は四人に一人に過ぎない。

第3章でも紹介した筆者らの日本、韓国、台湾の比較調査でも、同様の傾向が確認できる。自ら決意して立候補した男性は三カ国とも五〇％を超えるが、女性に関して日本は二〇・七％、韓国は三八・九％、台湾は一三・六％と総じて低い。女性は政治家を志すことは少なく、周囲や有力政治家から勧められて初めてその可能性を考えることが多いのである。

イギリス庶民院(下院)の女性と平等委員会の公聴会でイギリスでの女性議員の少なさを議論した際に、フォーセット協会の幹部であったサム・スメザーズは、女性は何度も立候補を要請されないと決心に至らないと述べている。「あなたならできる、この仕事はあなたに向いている」と何度も繰り返し伝え、そしてそのメッセージが複数の人の口から伝わることが大事だと指摘する。

そこでイギリスで展開されたキャンペーンが「彼女に立候補を呼びかけよう(AskHerToStand)」だった。これは五〇対五〇議会(50 : 50 Parliament)という市民団体が二〇一六年に立ち上げたもので、広く市民に対して、適格だと思える女性たちに立候補を呼びかける試みである。実際に、二〇一九年の選挙でこのキャンペーンから五〇人の女性が立候補し、九人が当選した。

女性にとっては声をかけられることが男性よりも重要であるにもかかわらず、女性は男性と比べて政治関係者から立候補の要請を受けることが少ないことも指摘されている。ローレスとフォックスは、アメリカにおいて政治家になる可能性が高い経歴を持つ男女のサンプルを抽出し、人種や収入、教育、年齢、職業などで性差がでないように調整した上で分析を行ったところ、女性は男性よりも立候補を勧められることが少ない事実を確認している。例えば下院議員を勧められた男性は回答者の一〇％にのぼるが、女性では四％であった。州議会だと男性二四％、女性一六％である。高い地位ほど女性は声をかけられにくい傾向にあることがわかる。そして、政治関係者から立候補を勧められた場合には、六七％が実際の立候補に繋がっているという。他方、そのような声をかけられなかった場合は三三％である。つまりは、政治関係者が女性よりも男性により積極的に立候補を勧めていることが、政治的意欲の男女差の一因になっているのである。

女性の場合は女性団体から声をかけられることが多く、イギリスのAskHerToStandはそのような試みの一例である。アメリカでも、若い女性を対象とした政治トレーニング等を提供する団体「She Should Run（彼女も立候補するべき）」も同じようなキャンペーンを実施している。こうした試みは日本でも広がる必要があるが、同時に政治関係者が意識的に女性を擁立しようという姿勢を持たなければ、意欲の点での性差は埋まらない。「応募してくださらない限りは選びようがない」と言っている限りは、女性を排除する政治が続いてしまうのである。政党が自らの責任を正しく認識することが何よりも必要である。

自信の壁とインポスター症候群

女性が自ら手を挙げない傾向にあることの一因として、自分に自信が持てないこともよく指摘される。実際に内閣府の調査でも、立候補を決める段階から選挙期間中の課題として「自分の力量に自信が持てない」ことには性差が見られた。地方議員については、女性回答者の四二・一％が、男性回答者の一八・五％がそのように答え、二三・六ポイントの差が見られる。立候補を断念した人では、女性の四八％、男性の三八・四％がそのように回答した。女性の方が割合が多いが、それでも男女ともに自信のなさは立候補断念の大きな理由となっている。立候補に踏み切り当選を果たした人のなかでも、女性は男性よりも自信を持てないことに悩む傾向にあることが窺える。

女性やマイノリティが高い業績をあげたとしても、それが自信に結びつかず、むしろ自分は世間を欺いているという錯覚に陥ってしまうことが指摘されている。それはインポスター（詐欺師）症候群と呼ばれる心理状態である。一九七〇年代に心理療法の分野で論じられるようになってから、この症状が広く知られるようになった。政治家をはじめ高い地位に就いたり、優れた業績をあげたりした女性やマイノリティが陥りやすいといわれている。

例えば、ニュージーランドのジャシンダ・アーダーン首相やスコットランドのニコラ・スタージョン首相、ミシェル・オバマ元大統領夫人もインポスター症候群に悩まされたと告白している。「輝く」ように見える女性たちが実は自信を持てずに悩んでいることが、彼女たちの語りを通じて広く知られるようになっている。

女性がインポスター症候群を克服するための研究や実践がアメリカを中心に進んでいるが、そもそもそのような悩みが生み出される構造に光を当てる必要があるだろう。性差別や人種差別が背景となり、劣位に置かれる側の社会的評価が低く、それが自己評価に反映していると考えられるからだ。インポスター症候群に悩まされる女性やマイノリティがそれを乗り越えることは重要だが、個人の問題にすり替えるべきではない。

自己評価が低いために、成功した女性を歓迎しない、あるいは制裁を与えたいと考える女性も多く存在する。ミソジニー(女性嫌悪)の論理を『ひれふせ、女たち――ミソジニーの論理』で詳細に論じたケイト・マンは、二〇一六年のアメリカ大統領選でヒラリー・クリントンに票を入れた白人女性が少なかったことについて、心理学者マドレーヌ・ヘイルマンの共同研究を引きながら、大きな成功を収めた女性を罰することは、女性にとっては自我を守る機能を果たすと指摘する。成功者バッシングは評価者の自己肯定感の低さと関連していて、自らの有能さを確信する参加者は有能な女性を罰する動機づけを持たないという。男性社会(正確に言えば家父長制社会だが、その説明は第5章で行う)において女性が成功を収めることはとても難しい。どんなに努力しても自分には無理だと思っている女性は、ガラスの天井を打ち破るような女性の存在はかえって自分の至らなさを責められているようにも感じるかもしれない。男性社会でも成功できる女性がいるのだから、成功していない女性はその人自身に問題があるかのように見えてしまうからだ。実際に、そういうメッセージを発する成功した女性もいる。そうなると、成功していない女性の側では自我を守るために心理的防御メカニズムが働き、成功している女性は自分とは異なり、道徳的に問題があるとか疑わしい人物であると思い直す、つまりは成功者バッシングに加担してしまうことに繫がるというのだ。

残念ながら現代の日本社会においては、女性たちが自信を持ったり、ありのままの自分を受け入れることを難しくしたりする条件には事欠かない。痩身願望が社会的に形成され、自分の身体を恥ずかしく思わせられていることも、そうした女性を取り巻く環境のひとつである。極めて根深いミソジニーを前提として、それに足をすくわれないために、女子教育のあり方を組み立て直すことも、女性の政治参画において重要な課題である。

資源のジェンダー格差——家族・時間・人脈・資金

これまで心理的な面においてジェンダー規範が女性の政治参画に及ぼす影響を見てきたが、さらには活用できる資源の性差も重要である。当選に必要な資源としては、家族からの支援のほか、時間、資金、人脈がある。

すでに本章の冒頭で見てきたように、家族から支援を受けるという第一関門において、女性の方が男性よりも支援が得られにくい状況にある(もちろん個人差は大きい)。さらに、政治活動に使える時間の性差は大きい。時間と体力勝負の選挙文化では、家事・育児を担いながら闘うのは難しいし、また選挙戦で不利な立場に置かれてしまう。日本の選挙期間は短いので、その間だけ集中して選挙に取り組めばいいのであれば負担は少ないかもしれない。しかし、支援者を開拓し繋ぎ止める、つまりは地盤を維持していくには常日頃から地元活動に精を出さなければならない。これにはやはり時間の要素が重要だ。時間というのは、現時点で何時間使えるかだけではなく、期間という要素も加味される。長く活動を続けている方が人脈も広がり、信頼関係も築けるからである。

人脈というものは、政治家になる前からのものがその後の政治活動に活かされていく。政治的な地盤形成に繋がりやすい職業や活動歴がある方が有利である。子育て経験のある女性の場合は地域のママ・ネットワークは貴重な資源である。ただし、票や資金調達に繋がりやすい人脈は男性の方が持っていることが多い。

資金にも性差がある。第3章で見た内閣府調査によると、立候補を考えた人が思いとどまる最大の要因は「活動に関わる資金の不足」である。これは男女ともに共通する。女性回答者の六八％、男性回答者の六三・六％が資金不足を理由として立候補を断念したと答えている。また当選後に議員・首長として活動する際の課題としても、「活動に関わる資金の不足」が男女ともに一位となっている（女性六七・六％、男性六七％）。

このように資金不足が理由で立候補を断念することが男女ともに多いが、当選者は異なる見方をしている。立候補を決める段階から選挙期間中の課題として、資金不足を挙げた当選者は男女ともに約四割でしかない。これは女性回答者では六番目、男性回答者では三番目に多い理由となっている。資金に代わって上位を占めたのが、女性では知名度がないこと（五九・八％）、ワーク・ライフ・バランス（四八・九％）で、男性では議員報酬で生計を維持できないこと（四三・五％）、選挙運動とその準備がわからないこと（四〇・六％）となっている。つまりは、立候補を断念した人にとって資金不足は最も重要な問題であるが、当選者は資金調達にどうにか目処をつけ立候補に漕ぎつけており、その重要性の認識は低下しているのである。

議員報酬と供託金

男性議員が感じる課題として、議員報酬が少ないということが一位（四三・五％）であったが、女性でそれを挙げたのは二一・九％である。男性には稼得能力が求められるジェンダー規範を反映し、ここにも大きな性差が見られる。ロビン・ルブランは新潟県巻町の原発建設反対の住民運動の調査を通じて、議員報酬の少なさが男性の立候補を躊躇させる要因になっていることを指摘している。内閣府の調査はルブランの指摘と符合する。

全国一七八八の地方議会には議員報酬の面で大きな格差がある。都道府県議会では愛知県議会の平均月額九七・七万円から大阪府議会の六五・一万円までと差があり、政令指定都市では京都市の九六万円から浜松市の六四・八万円まで開きがある(二〇一九年時点、『東洋経済オンライン』「地方議会議員の月給が高い」自治体ランキング)。市議会では人口規模による差が大きく、人口五〇万人以上の市では平均月額が約七二万円であるのに対して、五万人以下では約三三万円である。最も少ないのは北海道夕張市の一八万円で、これは財政破綻をした固有の状況が反映されているが、人口一〇万人未満の市では二〇万円台の議会も少なくない(全国市議会議長会「市議会議員報酬に関する調査結果」二〇二〇年実施)。

町村議会の場合は議員報酬の全国平均が二一万円と少なく、なり手不足の一因であるとの指摘がある。最高値は神奈川県の葉山町議会で四〇万円、ここは男女同数議会を達成したことのある議会である(現在は女性が四二・九%)。最小値は東京都の御蔵島村の一〇万円である。一五万円未満の町村議会は三三と、決して珍しくない(全国町村議会議長会「町村議会実態調査」二〇二〇年実施)。

議員報酬は、地方議員が非常勤の名誉職であるとの前提に立って組み立てられている。しかし実態としては、議会の会期中だけではなく年間を通じて市民相談に乗ったり、行政と折衝したりするなどの活動を行っている。生活が保障できる金額でなければなり手不足になるのも当然といえよう。

男性の多くは生計維持の主たる責任者である一方、女性は家事・育児責任を担うかわりに生計維持の責任は弱い場合が多い。この場合は、低い議員報酬は夫のいる女性にとって立候補の妨げにはならないだろう。ただ実際には、議員報酬の少ない町村議会は女性議員も少なく、兼業を営む高齢男性が議員職を占める傾向にある。町村議員に対する調査では、世帯の年収に占める議員報酬は三割以上五割未満が最多で三八・八％となっており、七割以上と答えたのは一一・二％しかいない（『町村議会議員の活動実態と意識』〔二〇一三年〕）。同調査によれば、女性の町村議員の約六割が専業主婦である。議員職が名誉職となっており、地域の権力構造のなかから議員が選出される構造が女性議員の誕生を阻み、特定の男性と特定の女性にしか門戸が開かれていないのである。

立候補や政治活動にお金がかかればかかるほど、社会における経済資源の格差が政治代表の格差に繋がってしまう。ジェンダーの面では、男女賃金格差が大きい現状で、また資金源となる企業や団体との繋がりも女性は薄いという意味で、女性には大きな障壁となっているといえよう。

立候補する際には一定額の供託金を支払う必要があるが、国政では選挙区で三〇〇万円、比例区で名簿登載一人につき六〇〇万円と国際的に見てもかなりの高額となっている。都道府県で六〇万円、政令指定都市が五〇万円、市区議会が三〇万円、町村議会は一五万円である。一定の得票に届かないと供託金が返還されず、選挙運動費用の公費負担も受けられないため、候補者が大きなリスクを負う制度となっている。もっとも、地方議会・首長への立候補者で供託金没収となるのは一・二%と少ない。他方、知事では二三・三%、制定指定都市や東京二三区の首長選挙では二割弱が供託金を没収されている(二〇一九年四月施行「地方選挙結果調」)。議員への立候補に関しては、支払う供託金よりも若干多くの費用が公費負担されることを考えると、供託金制度が経済資源に恵まれない人の候補を妨げているという以上に、公費負担の対象となる選挙運動費用がポスターとビラの作成、自動車費用に限られ、多様な選挙運動の発展を阻んでいるといえそうである。

最も資金が必要となるのは国会議員に挑戦する場合である。国会に女性が少ないのも資金のハードルが高いことが要因の一つだろう。二〇一七年の衆院選で当選した国会議員の資産を朝日新聞が分析したところ、女性の平均資産額は約一一四四万円で、男性議員の平均額約三〇八九万円の三七%だった(朝日新聞二〇一八年四月三日)。新人議員においては、女性の平均は約四三九万円で、男性の約二五一九万円の一七%に過ぎず、さらに大きな格差となっている。当選した国会議員でさえこれだけの性差が見られるという事実からは、資金面で女性候補者を支援することの必要性が見えてくる。

ステレオタイプとダブル・バインド

立候補の決意を固め、政治活動に使える時間や資金などのめどを立て政治活動を開始してからは、有権者やメディアの評判を高めていく必要がある。全ての有権者と直接会って話せるわけではないため、メディアでのイメージは重要な役割を果たす。しかしそのメディアがジェンダー・ステレオタイプに満ちていると、女性候補者・政治家は男性よりも不利な立場に立たされる。

なぜ不利なのかといえば、典型的な政治リーダー像が男性らしさをもとに作られているからである。様々な文化において、男性に期待される役割の中核は作動的(agentic)なものとして、女性では共同的(communal)なものとして理解するステレオタイプが形成されていると指摘されている。具体的には、男性は一個人として強さ、積極性、自己主張、名誉を目指す存在とされ、能動的で行動的、そして冷静で合理的とみなされる。自らの意思で決定を下すことは男性らしい行為なのである。他方、女性は他者との相互依存的な関係を築くものとされ、女性らしさは豊かな感情、共感、優しさ、思いやり、協調性、従順性と結びつけられる。これらは、男性や女性がそうした性質を持ちやすいと理解されているだけではなく、そうあるべきだという規範としても機能している。そのため、親が子どもを教育する際にも、息子には個人の作動性を促し、娘には共同性を求める傾向がある。ジェンダー・ステレオタイプはこうして文化に深く根をはっている。

男女それぞれに特有な役割と男らしさ／女らしさが作られ、社会で共有されるなかで、政治指導者もまずは男性が想定されることになる。また、政治指導者の役割として戦争に勝つとか、自国を敵から護るということが前景に出ると、求められるリーダー像は男性性に満ちたものとなる。人々が求めるリーダー像が男性的であるならば、女性もまた男らしさを証明しなければリーダーとして不適格とみなされてしまう。しかし、女らしさに欠けるとみなされると嫌われることになる。これは典型的なダブル・バインド（二重の拘束）といわれる状況である。男性は男性らしさを極めることでリーダーとして有能性を認められ、またそれは好ましいものとして受け入れられる。しかし女性は、タフで冷徹であると嫌われ、感情を見せれば政治家として失格の烙印を押されかねない。

ジェンダー規範から逸脱した人に対して、社会はまだ寛容ではない。男性は男らしさの規範に、女性は女らしさの規範に合致すると高い評価が得られるが、ミスマッチが起きると評価が下がる。多くの場合、優れたリーダー像は男性性と親和性があるため、女性がリーダーになろうとすると不利な状況に立たされてしまう。例えばはっきりものをいうことも男性的であるとされるため、女性が率直に発言すれば、女のくせに生意気だ、偉そう、攻撃的と映る。しかし政治家は公の場で議論することが仕事だ。はっきりいわなければ意味がない。

例えば、エミリー・アマナトュラとキャサリン・ティンスリーの実験では、はっきりとものをいう女性は同じようなスタイルの男性と比べて、また協調的なスタイルの女性と比べて、評価が低かったり好かれなかったりする傾向にあることを見出している。ジェンダー規範の強さを示すものである。どういう態度を取れば歓迎され、あるいは制裁されるのかについて女性たちは学習しているため、女性は賃金交渉において、男性と比べると自分を高く売り出すことはない。

女性が自分自身の力量に自信が持てず、自己評価が低いということは、政治家やリーダーになろうとする意欲にも大きな影響を与える。能力が高くても自信がないために、女性は競争的な地位を獲得することに消極的である。とりわけ、政治が敵対的な場であると感じられると、そのような傾向が助長される。政治を独占してきた男性たちが男性性に沿った政治環境を作り上げてしまっていることは、後から参入する女性にとっては大きな障壁となっている。

ステレオタイプは選挙に不利か？

もっともジェンダー・ステレオタイプがどの程度有権者の投票行動に影響し、女性候補者を男性候補者よりも不利にするのかは諸説ある。アメリカではステレオタイプが投票行動に与える影響は減少しつつあるとデボラ・ブルックスの研究では示されている。鹿毛利枝子らは日本においてもその影響は低いと論じている。しかしメディアは依然としてステレオタイプを強調して報道する傾向にあり、女性政治家は男性にはない試練にさらされることになる。

ヴァージニア・ボードゥーはアメリカでの女性リーダーの報道のされ方には五つの特徴があると述べる。①女性の私生活に焦点を当てる、②有力な男性（父や夫、後ろ盾）との関係を強調する、③感情の吐露を強調する、④見た目を騒ぎ立てる、⑤声についてコメントする、である。①から④は全て日本でもよく目にする光景だ。日本では⑤の女性政治家の声が否定的に論じられることはあまりないかもしれないが、欧米では女性の高い声は幼稚でありまた感情的に聞こえ、権威に相応しくないとする考えから否定的に捉えられている。日本の女性の声は欧米の女性よりも高いように思われるが、女性が権威を持つことが日本ではまだほとんどないことを反映しているのかもしれない。

メディアにおける女性政治家の報道に共通するのは、ひとりの政治家として関心を持つのではなく、女性として見下し、政治家としての地位も有力な男性のお陰で得ているに過ぎず（女性が自ら獲得できるはずはないという偏見)、そして感情的なために政治家としての資質を欠いているというメッセージを含んでいる点である。女性政治家の服装や髪型へのコメントや「美しすぎる」といった形容詞が報道にはあふれている。海外の報道では女性政治家を性的存在として扱うことも多く、ヒラリー・クリントンやアンゲラ・メルケルも胸の谷間が見える写真が騒ぎ立てられるなど、下劣なものも多い。

メディア研究者のダイアナ・カーリンとケリー・ウィンフリーは、女性政治家の描かれ方は四つのパターンに分類されると論じる。第一に性的存在、男性を誘惑する存在として描かれる。見た目を論じているのも、性的存在としての価値を論評しているわけであり、女性政治家をそのように扱うことは、たとえ好意的な評価だったとしても、政治家としての評価には繋がらないか、逆にマイナスとなる。第二に母親として捉えられる。このこと自体は、後述するように好意的に受け入れられる可能性はある。しかし、母親としての責任を果たすことは政治家としての「職務放棄」だと思われるかもしれない。実際、鈴木貴子衆議院議員が妊娠を公表した時には、そのような批判的な声が上がった。典型的なマタニティハラスメントである。第三にお飾りやマスコットとして受け止められる。象徴的な顔としてだけの役割を求められ、リーダーとしての実力は期待されない。最後に、「鉄の女」としての描かれ方である。男性性を持ち合わせる女性リーダーは「鉄の女」、つまり冷徹で無慈悲な人間として否定的な評価を受ける。

ジェンダー・ステレオタイプに満ちたメディア環境のなかで、女性政治家がリーダーとしての実力を評価され、かつ人間としても好かれることは並大抵のことではない。有害なステレオタイプについてメディアが自覚的になり、有権者もリテラシーを高めることが不可欠だ。女性政治家がもっと増え、政治の場に女性がいることが当たり前になり、多様な女性リーダーの存在が知られるようになれば、ステレオタイプは緩和していくだろう。もっとも第5章で見ていくように、女性への偏見が簡単に消えるとは思えない。「政治指導者には男性が適している」ことに表立っては賛成しなくとも、偏見は無意識のうちに沈みこみ、マイクロアグレッション（日常に埋め込まれた差別・偏見）や現代的性差別態度（第5章参照）として立ち現れる。性差別のない社会に至るにはまだ長い道のりとなるが、それでも女性政治家がいることが当たり前にならなければ、その道のりはもっと遥か先になるだろう。

女性性が資源になる時

一人の政治家ではなく、「女性政治家」として扱われる時、女性であるがゆえに男性とは異なる存在であることが強調される。男性中心の政治において、女性が男性と違うことは否定的な意味を持つことが多い。男性と比べて劣っているとか、「女子ども」のことだけを取り上げる――つまりは重要ではない案件ばかりにこだわる――といった評価がつきまといがちだ。ところが、女性性が政治家として資源に転化する時もある。

女性政治家にとって「母親」であることは強みになり得る。性別役割意識が強い土壌では、女性は母親としては初めて社会参加の資格を付与されるともいえる。男性は母親として発言する資格はないため、女性だけが有する資格性となる。そのため女性政治家は母親であることをアピールし、女性なのに政治家であるという矛盾を母親であるというアイデンティティで包みこむことによって保守的な支持者からの支援を得ようとする。母親として(だけ)政治参加の正統性を得られることは有権者においても同じであるため、母親である女性政治家は親しみやすく、また待機児童問題や子どもを性被害から守るといった自分たちの案件を聞いてもらえる存在でもある。

母親であることが資源になるといっても、小さな子どもを育てる母親政治家への視線が温かいわけではない。先の鈴木貴子への批判もそうだし、乳飲児を抱えて副大統領候補になったサラ・ペイリンもそのことが何度も取り沙汰された。ニューヨークタイムズによると、有権者は依然として小さな子どもを持つ母親政治家を支持することを躊躇するという傾向が、二〇一六年の調査で見出されたという。もちろん、小さな子どもを持つ父親に対してはそうした躊躇《ためらい》は生じない。母親性が女性政治家にとって確実に資源になるのは、子育てを終えた場合といえよう。

母親であることが資源に転じる場合があるとしても、その資源を得ている女性政治家は実は少ない。女性政治家は男性政治家と比べて独身の割合が高く、結婚していても子どもがいない、または子どもの数は少ない傾向にある。ＩＰＵの国際調査によると、独身の男性議員の割合が七％であるのに対して女性議員は一五％、子どもがいない男性議員が六％であるのに対して女性議員は二八％となっている。男性政治家は結婚をすれば妻という資源を得られ、さらには子どもに恵まれても政治活動に影響は出ない。しかし女性政治家の場合は、子どもを持ちにくい環境に置かれている。

母親性をアピールできない場合はどうなるだろうか。岩本美砂子は著書『百合子とたか子――女性政治リーダーの運命』で、小池百合子が「女性」という資源を必要に応じて使い分けてきたことを描き出す。二〇一六年の東京都知事選ではそれまでのミニスカートをはいて年配男性に媚びるキャラクターを払拭し、女性有権者に受けるパンツ姿で現れ、「オッサン政治」を批判した。石原慎太郎元都知事が小池を「厚化粧の大年増」と呼んだことに対しては、「(今日は)薄化粧で来ました」「実はアザがあるんです」とやり過ごし、女性からの支持を集めたという。小池は中年の「オバサン」の味方であることを演出し、小池の呼びかけに応じて、緑のもの(スカーフやブロッコリーなど)を手にして演説に駆けつけた女性たちの姿は、メディアでもよく取り上げられた。中高年女性の支持を得る小池という構図は、韓国の朴槿恵《パククネ》大統領を彷彿とさせるものでもあった。もっとも、出口調査では小池の得票に男女差はなかったことも岩本は指摘する。

女性という切り札

アメリカ大統領選でヒラリー・クリントンとドナルド・トランプが闘った時は、ヒラリーは「女性初」の大統領であることをひとつのアピールポイントとしたが、トランプはヒラリーが「女性カード」を使っていると批判した。女性カードとかジェンダーカードというのは、女性であることを切り札にしていると糾弾する言葉だ。つまり、男性と異なり女性には特有の障壁があると指摘する女性に対して（本書がずっと論じていることであるが）、ジェンダーを切り札にしていて卑怯だ、被害者ぶっていると非難する文脈で使われる。トランプは「ヒラリーが男だったら、五％も票は取れないだろう」とし、「女性であることを切り札にして闘っているけど、笑えることに女性たちは彼女のことが好きではない」と揶揄した。女性たちを何度も怒らせてきたトランプであるが、この発言にも女性たちから批判の声が上がり、女性カードをめぐる論争が沸き起こったのである。

ジェンダーを強調する選挙キャンペーンは果たして功を奏するのか、むしろ傷を負うのではないかということが議論の的となった。「女性初」という冠は、支持する女性たちを鼓舞する一方で、これまでも女性がいなかったのだから女性には不向きであるという偏見を助長したり、女性というだけで下駄を履いてその地位に就いたというイメージを生じさせたりしかねない。つまりは、ジェンダーは文脈によってプラスにもマイナスにもなり得る。

ジェンダーカードで痛手を負った政治家に、オーストラリアのジュリア・ギラード首相がいる。二〇一二年に政敵であるトニー・アボットがギラードのことを性差別主義者だと非難したことに対して、性差別を繰り返し経験してきた自分がミソジニーについて説教される覚えはないと議会で反論した有名なミソジニー・スピーチは、フェミニストからは拍手喝采を、主流メディアからは袋叩きの扱いを受けた。性差別を指摘することでジェンダーカードを切って、被害者を演じているという批判を受けたのだ。性差別を問題視する女性が叩かれることは日本でも起きている。そうした批判は、女性たちの問題提起を無効化させ、沈黙させる効果を持つ。

相手をジェンダーに基づいて攻撃する露骨な性差別発言は、前述の都知事選での小池に対する石原発言のようにマイナスの効果を持った。これは二〇一六年のことである。ジェンダー意識の覚醒が進む現在の日本では、なおさら性差別発言は命取りだ。二〇二一年には森喜朗が「女性は話が長い」などの性差別発言によって五輪組織委員長の辞任に追い込まれている。性差別発言は、政治家にとって高い代償が伴うものにようやくなりつつある。他方で、ジェンダー・ステレオタイプが一朝一夕になくなるわけではなく、微妙なかたちで選挙に影響を及ぼし続けるだろう。

ステレオタイプの効用

男女によって得意な分野が異なるというジェンダー・ステレオタイプもある。「夫は外で働き、妻は家庭を守るべきである」と考える人は減ってきているが、「家事・育児は女性の方が向いている」と考える人はまだ多い。「政治指導者は男性が向いている」とは思わなくても、安全保障や経済は男性政治家の方が強いとか、福祉、子育ては女性政治家の方が向いているというステレオタイプは維持されているかもしれない。そうだとすると、女性候補者は福祉や子育て政策では有権者から高い信頼を得られるかもしれないが、安全保障や経済政策でも手腕を発揮できるのか、男性候補者以上に疑いの目を向けられることになる。尾野嘉邦と山田真裕の研究では、女性候補者は経済や外交政策などの男性的な政策争点に特化した場合には選挙では不利になること、さらには女性らしく振る舞わなかった場合に有権者から否定的な評価を受ける傾向にあることが示されている。

得意／不得意の分野についてジェンダー・ステレオタイプが強い場合、選挙運動もそれを意識したものになるだろう。女性候補者の陣営が子育てや福祉を強調することは一定のアピールに繋がるが、他方でそれしか得意分野がないと受け止められると逆効果にもなる。特に小選挙区のように多数の票を取らないといけない場合には、広い政策分野をカバーしなければならない。国政となると有権者が最も気にかける争点は経済と景気である。生活に密接に関わる争点でも十分に票が獲得できる地方選挙とは闘い方が異なってくる。男性陣営はわざと安全保障や経済を強調し、相手の女性がその争点で苦戦することを待ち望むかもしれない。

日本の文脈で重要な争点に汚職がある。日本は「構造的汚職」といわれるぐらいに贈収賄が横行し、金権政治が行われてきた。過去形ではなく、近年でも二〇一九年の参議院選挙で河井克行・案里夫妻による大型買収事件が起きた。こうした汚職や金権政治に関わるのは、与党である自民党の男性政治家が圧倒的に多い。女性はクリーンなイメージがあることから、汚職や金銭スキャンダル直後の選挙では、女性であることがむしろ有利になることがある。有権者は女性であれば男性よりも汚職に手を染めることは少ないと、女性が象徴する政治のアウトサイダー性に期待を寄せるからである。

女性がクリーンであるというイメージは西洋や韓国でも共有されるものであるが、日本の場合は戦前の婦人参政権運動が政治浄化運動に取り組んできたことや、戦後も市川房枝が金権政治の打破を使命として政治活動を行ってきたという女性運動の伝統によって強化されたものでもある。逆に、女性はクリーンなイメージがあるだけに、それを裏切るような金銭スキャンダルが発覚した場合には、男性以上に罰を受ける可能性もある。男性政治家がデフォルト（標準形）となっている土壌において、女性政治家が評価を高めるニッチ（隙間）を見出しても、多少なりとも得られるプラスの側面は何かの拍子に容易にマイナスへと転じ得るのである。

辻由希の女性首長の研究によると、女性首長が登場した背景には旧来の地方政治行政への批判があり、女性であることが旧来の政治からの距離を示すラベルとなっていたことがあるという。また二〇〇〇年以降に女性首長が増えた要因として、ケアの社会化が政策課題になるとともに、地方公共団体が実施責任を担うことになったことが、女性の政治参画を要請したと分析する。

ケア関連の政策の重要性が高まると、女性であることが資源となり得る状況を生み出す。野田聖子は自民党において女性政策や子ども政策を一手に引き受ける。長年不妊治療に苦しんだことをオープンに語り、医療的ケアが必要な子どもを育てる母親として、男性の追随を許さない独自のポジションを獲得したように見える。首相を狙うには安全保障や金融・財政など、多岐にわたる政策領域において重みのある発言が求められるが、女性・少子化政策を得意分野と定める女性リーダーがどこまで上り詰められるのか、野田の政治キャリアはひとつの試金石となろう。

コロナ禍は女性リーダーのイメージを変えるか?

コロナ禍では多くの女性首脳がその手腕を高く評価された。メルケル首相やアーダーン首相の感動的なスピーチは日本でもよく知られている。アーダーン首相は自宅で子どもを寝かしつけてから、部屋着姿のままフェイスブックで動画メッセージを流した。母親としての役割を強調することは、政治家にとってはマイナスになりかねないが、この動画は多くの共感を呼んだ。子どもが寝た後に部屋着で国民に語りかける姿は、働く女性の忙しさと日常をリアルに象徴すると同時に、母親として責任を果たすことが国民の健康を気遣う首相としての責任を果たすことにもなった稀有な例であった。

危機の時代は女性リーダーには不利になるといわれてきたが、安全保障の危機においてはそうであっても、コロナ禍のように健康の危機である場合には、むしろ共感力に富む女性リーダーが高く評価されている。共同体指向の女性性が不利にならないどころか、むしろ歓迎される時代状況をコロナ禍が生み出したのである。

男性性のイメージは戦争と分かち難いものであり、戦争を遂行する司令官の姿が政治リーダーと重なるため、リーダーには決断力、交渉力、強さが求められてきた。佐藤文香がフェミニスト戦争研究の成果として指摘するように、戦争は男らしさと女らしさを軍事化することで推進される。軍事化は特定の男らしさを特権化し、それにそぐわない男性と女性を抑圧する。コロナ禍においても、戦争のメタファーを用いて毅然とした姿勢を見せた男性リーダーとして、トランプ大統領や、イギリスのボリス・ジョンソン首相、フランスのエマニュエル・マクロン大統領がいた。弱さを見せることは男性性を損なうため、マスクの着用が政治的対立を招いているアメリカでは、男性リーダーがマスク着用を拒否し、感染拡大に繋がってしまった。他方で、行動の抑制を長期にわたって少なからず強いられるコロナ禍にあっては、国民との丁寧なコミュニケーションや痛みに寄り添う姿勢が求められ、そのことが女性リーダーへの評価を高めたといえる。家族の健康を気遣い、手洗いなどの感染予防を促し、病人の面倒を見るのは女性の役割とされてきたため、女性リーダーがそうした行動を呼びかけることは、期待される役割と適合的であった。

このように女性性が評価される局面というのは存在する。ポスト紛争の社会など、傷ついた市民を慰め、励まし、和解に導くことが必要な状況では女性性は適合的である。コロナ禍は健康の危機であり、またステイホーム政策は女性の領域とされる家に留まるよう呼びかけるものであるから、女性リーダーのメッセージが聞き入れやすい状況を生み出したといえるだろう。

もっとも、小池都知事のコロナ対策は女性リーダーの評判を高めたかというと、そのような結果をもたらしているようには見えない。自己演出は小池の得意とするところだが、健康に気遣うという女性のステレオタイプを使って自らをアピールすることはなかった。二〇二〇年七月の都知事選の直前には、独自の「東京アラート」を発出し、レインボーブリッジが夜空に赤く照らし出された。毒々しい赤色を見て都民は恐怖こそ感じても、安心感を得ることはできなかったのではないか。二〇二一年の第五波の際には東京都は一時期四万人を超える自宅療養者・宿泊療養者を生み出した。必要な医療を受けられなかった人たちへの気遣い、医療従事者への労い、あるいは医療崩壊を生み出したことへの反省も聞かれなかった。世界的にはコロナ禍で女性リーダーの評価が高まったが、小池がそのようなレガシーを生み出さなかったことは、日本における女性リーダーを評価していく際に記憶に留めるべきであろう。

優れたリーダーとジェンダー規範

優れたリーダーシップとジェンダー規範の関係ということで見れば、コロナ禍を契機として、新たなリーダー像が形成されていくのかもしれない。男性性に適合的なリーダー像が戦争を遂行する近代国家とともに作られていったとしても、男性性がリーダーとして優れているとは限らない。ジェンダーとリーダーシップの関係について研究を切り拓いてきたリンダ・カーリとアリス・イーグリーは男性的とされる性質、つまり攻撃性、自己主張、支配、競争性といった傾向が果たして優れたリーダーシップに役立つのかと疑問を呈し、物理的な攻撃性はギャング組織か身体接触を伴う競技ぐらいでしか役に立たず、言葉の攻撃性も多くの場合はむしろ逆効果であると指摘する。リーダーとして人をまとめ上げるには、他者との良好な関係を築き、多様性に配慮し、一人一人のモチベーションを上げていく能力が必要であろう。そうした傾向には女性性がむしろ適合的である。

社会心理学者のトマス・チャモロ＝プリミュジックは、なぜ無能な男性がリーダーに選ばれるのか、そしてなぜ有能な女性が選ばれにくいのかと半ば挑発的に問いかけ、人びとは自信がたっぷりある人は能力が高いと思いがちだと指摘する。その結果、過剰に自信を持ち自己愛に満ちた人（＝男性）がリーダーに選ばれやすいという。しかしそのリーダーは自信に見合った能力を有していないために、組織にとっては破壊的な結末をもたらすことになる。つまりは、自信が持てない女性たちに男性のように過剰に自信を持てと教えるのではなく、私たちの社会に望ましいリーダー像を男性性から解き放つことが必要だ。

二〇二二年二月以降のロシア軍によるウクライナ侵攻は戦争と男性性の結びつきを再び想起させるものである。ウラジーミル・プーチン大統領の決断は有害な男性性の典型例だと非難したひとりにジョンソン首相もいた。どの口が、という気がしないでもない発言であるが、こうした理解は珍しくないと思われる。ウォロディミル・ゼレンスキー大統領の国際協力を引き出すリーダーシップに肯定的な男性性を見出そうとする議論もある。あるいはウクライナの女性兵が戦争遂行におけるケア役割を表象し、侵略された側の戦闘行為の正当性を高めることになるのかもしれない。

企業社会においては求められるリーダーシップのスタイルが変化しており、チームの創造性が一層追求され、社会的責任も強く意識されるようになってきている。こうした事態状況では変革型のリーダーシップがふさわしく、女性リーダーが高く評価される環境が生まれつつあると社会心理学者の本間道子も指摘する。リーダーの役割として、部下のそれぞれの欲求に沿った能力を発揮できるよう促すことが求められ、社会感受性やコミュニケーション能力に優れた女性はその役割を全うしやすいという。女性が道徳的で公正を重んじる傾向にあることも、組織リーダーのあるべき姿として先んじているだろう。

ステレオタイプに適合的な言動と、それと相反するような言動とが同時に現れ、ジェンダー秩序は攪乱されたり強化されたりしつつ、少しずつ変容を遂げている。女性リーダーが増え、女性性に沿った新しいリーダーシップを見せるようになれば、望ましいリーダー像も変化し、女性性がむしろ有利に働く状況が訪れるだろう。その時には男性リーダーも男性性から解放され、もっと自由に共同体指向のリーダーシップを発揮することが可能になるだろう。

つまりは、本章で見てきた女性政治家に待ち受ける困難は、男性政治（およびその根源にある家父長制）によって生み出されており、男性政治を変革することによって取り除くことができるし、取り除かれなければならないのである。

第5章　ミソジニーとどう闘うか

女性政治家へのハラスメント

女性候補者や政治家に対するハラスメントがたびたび報道されている。ベテラン議員や有権者などからセクシュアルハラスメント（セクハラ）やマタニティハラスメント（マタハラ）、あるいはパワーハラスメント（パワハラ）を受けたことのある女性議員はとても多い。すでに紹介した内閣府の調査によると、議員活動や選挙活動においてハラスメントを経験した地方女性議員の割合は五七・六％にのぼる。男性は三二・五％が被害にあったと回答しており、男性も被害にあっていることがわかるが、男女の開きは大きい。

男女ではハラスメントにあう頻度だけではなく、経験するハラスメントの種類も異なる。図表1は議員活動や選挙活動中に受けたハラスメント行為の女性の上位五項目について、男女別で経験した割合が示されている。ここでも、大きな性差が確認できる。「性別に基づく侮蔑的な態度や発言」は女性の約四人に一人は経験しているが、男性ではほとんどいない（〇・七％）。身体的暴力やハラスメントも女性の約六人に一人が経験するが、男性では稀である（一・六％）。つまりは、女性が標的となるハラスメントは性的な形態を取る傾向が強いことがわかる。他方、性的ではない暴言、ＳＮＳやメールなどの中傷・嫌がらせは、男女ともに経験している。

図表1　議員活動や選挙活動中に受けたハラスメント行為(女性の上位5項目)

順位	項目	女性		男性
1	性的，もしくは暴力的な言葉(ヤジを含む)による嫌がらせ	26.8%	>	8.1%(3位)
2	性別に基づく侮辱的な態度や発言	23.9%	>	0.7%(8位)
3	SNS，メール等による中傷，嫌がらせ	22.9%	>	15.7%(1位)
4	身体的暴力やハラスメント(殴る，触る，抱きつくなど)	16.6%	>	1.6%(7位)
5	年齢，婚姻状況，出産や育児などプライベートな事柄についての批判や中傷	12.2%	>	4.3%(5位)

出典：内閣府男女共同参画局委託事業『女性の政治参画への障壁等に関する調査研究報告書』(2020年，105頁)．

注：複数回答可(全8項目の中から当てはまるものを選択)．男女間で7.0ポイント以上の差があるものに不等号を記載．

もう少し具体的に報道等で明らかになっているハラスメントの例を紹介しよう。図表2には女性候補者や議員が「性的対象として扱われる」事例と「政治は女性の場所ではないというメッセージを受ける」事例を掲げた。前者はいわゆるセクハラに相当するもので、望まない身体的接触、票と見返りに性的関係を迫るもの、性的関係を尋ねるもの、卑猥な言葉を投げかけられたり猥褻《わいせつ》な画像を見せられたりするもの、付きまとい、容姿をからかわれたり批評されたりすることなどが入る。どれも女性たちを政治家としてではなく、性的存在として扱い、見下し、男性の性的欲求に応えるべきであるとの扱いをするものである。

　後者は、女性は政治に向いていない、票が取れない、子どもの世話をするべきだといった性

図表2　女性政治家が経験する典型的なハラスメント事例

性的対象として扱われる
• チラシを受け取ってくれた人と握手しているとおしりを摑まれた
• 支援者を装った人に威圧的に迫られたり，酒席に誘われたりした
• 写真を撮っていいか何度も聞かれ，応じるとその後連絡が毎日のようにくるようになった
•「一発やらせてくれたらお前に入れてやってもいい」と言われる
• インターネットでわいせつ画像を送りつけられた
• 体形や髪の色をからかう，容姿についてブスだのスタイルがいいだのと比べる
• 酔って手を繋がれる
• チークダンスの強要
•「付き合っている人はいるのか」など執拗に聞いてくる
• 酒席で抱きつかれたり、卑猥な言葉を掛けられたりした
• セックスの内容を聞いてくる

政治は女性の場所ではないというメッセージ
•「女は議員になれるわけがない」「議員は男の人でないとね」と言われる
• 立候補時，「女は票を取れない」「女のくせに」と言われた
• 初当選後，男性議員に「女は家で飯でも作ってろ」「結婚して子供を持て」などと言われた
• 夜の時間帯の会合などで「今日は子どもはどうしてるの？」と聞かれる
•「(子どものいる女性議員に向かって)お前は子どもの面倒をみていない」としつこく責める

出典：「セクハラ 4割が被害」(河北新報 2021年7月21日)，「女性議員セクハラ，5割が同僚，宴席でストッキングに氷」(朝日新聞 2019年3月25日)，「女性議員を追い詰める「票ハラ」被害が深刻 その背景は？」(AERA dot. 2019年2月6日)より抜粋.

別役割分業に基づいた偏見を含むメッセージである。こうした言葉は、政治は女性の場ではないという思い込みを強化するもので、女性たちが立候補したり当選したりしたあとも、女性であるがゆえにその場にいることが相応しくないというメッセージを発している。この二つの事例を見ただけでも、女性が政治に進出し議員になっても、一人前の政治家として扱ってもらえず、歓迎されない環境に身を置き続けなくてはならないことがわかる。

ハラスメントの行為者には同僚議員のほかに、有権者や支援者も含まれる。セクハラ行為者は男性がほとんどであるが、政治は女性の場所ではないというメッセージは女性からも発せられる。あとでも述べるが、ミソジニーは女性であっても内面化するものなのである。

有権者からのハラスメント行為が頻発していることは世界的には稀だといわれる。二〇一九年に朝日新聞が初当選した女性地方議員五四四人にアンケート調査を行い、三一六人から回答を得たところ、二五%が議員活動中にセクハラを経験したと答え、そのうち同僚議員からの被害が五割、有権者からが四割を占めた(朝日新聞二〇一九年三月二六日)。筆者の研究チームが二〇二一年に女性地方議員が多く加入するフェミニスト議員連盟に対して行ったアンケート調査では、女性回答者の八四人のうち八一%が同僚議員から、七六%が有権者からハラスメントを受けたと回答している。つまりは、議員からのハラスメントに匹敵するぐらいの頻度で、有権者からのハラスメントが発生していることになる。有権者からのハラスメントに対しては「票ハラ」という言葉が作られ、メディアの関心も高く、徐々にその問題が明らかになりつつある。それだけではなく、党内あるいはほかの政党の議員から受けるハラスメントやいじめがあり、また、被害者は秘書、インターン、選挙運動員、記者などにも及んでいる。票ハラを含めてハラスメントの全体像を摑み、対処策を講じていく必要があるだろう。

ハラスメントの被害は深刻で、内閣府調査では立候補を断念した人の約二割（女性の二三・五％、男性の一七・八％）が「性別による差別やセクシャルハラスメント」をその理由として挙げている。筆者らのアンケート調査では、ハラスメント経験者のうち七五％は何らかの影響があったと回答し、そのなかの七一％は萎縮した、四九％はメンタルな影響が出た、三〇％は議員を辞めようと思った、と答えている。なかには死を考えたことがあると回答した人もいる。ハラスメントは女性の議員活動に相当に深刻な影響を及ぼしており、対策を講じることが急務である。少なくない人が議員辞職や立候補断念を考えたということからも、ハラスメントがいかに女性の政治参画を阻害するかがわかる。

政治分野における女性への暴力

ここまで典型的なハラスメント事案を紹介したが、この現象を理論的に位置づけてみよう。

女性候補者や政治家がハラスメント、いじめ、誹謗中傷、暴力に晒されることは世界的な現象であり、国連やＩＰＵなどの国際機関は「政治分野における女性への暴力（Violence against Women in Politics, VAWP）」としてその特徴を次のようにまとめている。①女性であることを理由に標的とする、②性差別的な脅迫や性暴力など、ジェンダー化された暴力の形態を取る、③その影響は女性を萎縮させることであり、とりわけ政治活動の継続を困難にする。つまりは、女性が女性であるがゆえに被り、女性が政治参画することを阻む効果を持つのが「政治分野における女性への暴力」である。当然ながらこれは人権侵害であり、女性が完全に、自由に、そして安全に政治参画することを阻害する意味で、女性差別撤廃条約やＳＤＧｓに反する行為である。

ここで対象となる問題行為は「暴力」と総称される。日本語で暴力は身体的暴力という狭い意味で使われることが多く、それ以外はハラスメントやいじめなどと呼ばれるが、暴力という概念は精神的なものや構造的なものまで含む広いものである点には注意が必要だ。

ＩＰＵは暴力の形態を、心理的、性的、物理的、経済的、に分類し、二〇一六年の調査報告によればそれぞれの暴力を経験した女性議員の割合は、八一・八％、二一・八％、二五・五％、三二・七％となる。圧倒的に多いのが心理的暴力である。これは屈辱的な性的・性差別的発言、容姿へのコメント、「女性だから〇〇は不向きだ」といったステレオタイプに基づく発言、殺人・レイプ・殴打予告、ＳＮＳでの屈辱的・性的な画像の拡散が含まれる。

また、被害にあいやすい属性としては、野党議員、四〇歳以下、その社会におけるマイノリティ・グループに属する人、という特徴も同調査からは明らかになっている。

女性を排除する動機

日本の調査で男性も少なからずセクハラ被害にあっていたように、女性だけが被害者なのではない。また、女性を標的とする暴力だけではなく、政治的な目的から男女ともに様々な暴力の被害にあっている。

政治分野における女性への暴力の研究およびクオータ研究を牽引してきたモナ・レナ・クルックは、「政治分野における暴力」と「政治分野における女性への暴力」は概念としては別個であると論じる。前者は男女とも標的となり得るもので、ジェンダー化された形態を取る場合とそうでない場合がある。後者は女性を標的とし、その目的は女性を政治から排除することにある。この区分は重要である。同じ女性が「政治分野における女性への暴力」を経験しつつ、政治的動機に由来する暴力を経験することもあるので、両者は排他的な関係にはない。ただし、動機によって区分する必要があるのはそれによって必要となる対処策が変わってくるからである。

ジェンダーに基づいた動機というのは、ジェンダー規範（家父長制の規範）に背いた行動を取る男女に対する制裁として暴力が使われるという意味である。女性であれば、政治家になることはもとより、公に発言をすること、性差別を告発することもジェンダー規範に反する。性的マイノリティに対しても異性愛規範や性別二元論に反する存在として暴力が向けられる。

「政治分野における暴力」は、政治的な主張や立場に対する攻撃が暴力という手段を伴うものである。アン・フィリップスの言葉を用いるなら「理念の政治」において発生するものだ。あるいは著名なハンナ・ピトキンの代表論を引くのであれば、「実体的な代表」をめぐる政治闘争である。政治的な争点や立場をめぐって鋭い対立があるなかで、相手陣営を暴力で攻撃するものであり、性的な形態を取ったり取らなかったりする。男性が性的に攻撃されるのも、何らかの政治闘争が引き金となっている。この一般的な暴力の発生において、女性が被害者であってもジェンダー化された形態を取ることは少ないとクルックは述べる。

他方、「政治分野における女性への暴力」はフィリップスの「存在の政治」、あるいはピトキンの「記述的な代表」において発生する。ある集団的属性に基づいて特定集団を排除することを目的として暴力が使われる。女性だけでなく、人種やセクシュアリティなどの属性においても起きる。クルックは政治分野における女性への暴力はジェンダーに基づいた動機――つまりは女性を政治から排除すること――がこの現象の核心にあり、必ずしも常にジェンダー化した形態を取るわけではないと述べる。どのような暴力であれ被害者の人権は侵害され、精神的にも政治的にも痛手を受ける。政治分野における女性への暴力の場合は、さらにジェンダー平等という価値理念を直接的に傷つけるものである。女性が女性という理由だけで黙らされたり貶められたりすることは、女性たちの政治参画を阻むだけではなく、女性たちが排除されている現状を当たり前のものとして社会に受け入れさせる効果を持つからである。

なぜ性的な形態を取るのか？

「政治分野における女性への暴力」においては暴力行使の動機が公的空間からの女性の排除にあることに着目すると、本章の冒頭で紹介したハラスメント事例の持つ意味がより鮮明に理解できるであろう。「女は議員になれるわけがない」「女は票を取れない」「女は家で飯でも作ってろ」というのは、政治という場に女性が「侵入」することを好ましく思わない人たちによって、彼女たちを排除しようとして投げかけられる言葉だ。女性議員や候補者を性的存在として扱うセクハラは、性的に貶めたり、男性の性的欲求に応えるべき存在だというメッセージをこめたりすることで、女性から政治家としての人格を奪うものである。男性が被害者となる場合、動機は政治的、個人的なものであって、集団としての男性を公的空間から排除するものとはなり得ない。

暴力の形態に着目すれば、ジェンダー化するものとそうでないものがある。ジェンダー化した形態を取る場合には男女ではジェンダー規範が異なることから、それぞれ違ったかたちで現れることになる。女性を標的とする場合、しばしば性的な形態を取るのは、それが女性の身体的統合性を失わせ、場合によっては侵襲性の高い行為によって苛烈に相手の尊厳を傷つけるからである。ジェンダー化された男性被害というのは、男らしさの欠如が攻撃される時に発生する。家父長制の下では、男性なのに性的自己決定権を奪われることも、あるいは男性なのに女性の性的自己決定権を奪うことができないことも、ともに男性性の欠落とみなされる。男らしさの剝奪や損失は男性に大きな心理的なダメージを与えるものであろう。

二〇一八年に北九州市議会の村上聡子議員に注文していない女性下着などが着払いで送りつけられる事件が生じた。ほかにも同様の被害を受けている事例があることがわかり、二〇一九年には弁護士の太田啓子やフェミニスト活動を展開する著述家の北原みのりを含む七人が記者会見を開いている。共通するのは性暴力やハラスメント、憲法、沖縄の基地問題などについてメディア等で発言しはじめた頃から、下着や健康食品などの注文していない商品が届くことがあったという点である。村上市議の場合には、前川喜平元文部科学事務次官の講演会の司会を務めたことがきっかけであった。沖縄問題や憲法などの発言が契機となっているというのは、背景に政治的動機があることを窺わせる。他方、被害者は全て女性であり、下着を送りつけるというジェンダー化した加害行為となっている。女性が発言することが気に食わなかったとすれば、ジェンダーもまた動機を構成していると思われる。村上市議は全ての被害について偽計業務妨害罪の疑いで刑事告訴し、記者会見以降は被害にあっていないという。卑劣な行為に対して法的手段を講じることは、効果的な抑止策になることを示す重要な事例である。

ミソジニー——女性を罰する

女性への暴力をその動機から理解しようとする時、なぜ加害者たちはそこまでして女性を政治から排除したがるのかという疑問が頭をよぎる。ここでキーワードとなるのがミソジニーである。これは女性嫌悪と訳されることもあるが、女性処罰感情とか女性制裁感情とかと呼んだ方がより正確に理解できる。

ケイト・マンは著書『ひれふせ、女たち——ミソジニーの論理』でミソジニーを詳細に論じる。それは家父長制の下で求められるジェンダー役割規範から逸脱し、家父長制に抗議する女性を罰する行為や現象として理解すべきだという。家父長制の下では女性の価値は「男性に対して、生命、愛、快楽、養育、支え、快適さなどの道徳的材を与える」ものとされ、その役割を遵守する良い女性には愛情や感謝といった褒美を、その義務を果たさない悪い女性には社会的承認の撤回という脅しが与えられると述べる。こうした社会的承認と制裁のメカニズムが作用することで、家父長制が維持されてきたのである。女性が政治家になるということは、男性に快適さや快楽を与えるという義務を履行しない行為であり、かつ男性のものである権力的地位を奪おうとする越権行為となる。そのような女性たちに罰を与えるために、セクハラや誹謗中傷などの暴力が用いられることになる。

上野千鶴子も『女ぎらい――ニッポンのミソジニー』で、ミソジニーの理論装置を解き明かしていく。イヴ・セジウィックを引きながら、ホモソーシャル（男同士の脱性的な絆）、ミソジニー（そこからの女性の排除）、ホモフォビア（同性愛の駆除）の三点セットが家父長制に埋め込まれていることを見抜く。ホモソーシャルな関係性において、「男を「男にする」のは、他の男たち」である。「女を性的客体としてみずからが性的主体であることを証明したときにはじめて、男は同性の集団から、男として認められる」。したがって、「セクハラはジェンダーの実践」であり、ミソジニーの発露である。女性を職業人として扱うのではなく、「しょせん女だ」と扱うこと自体が男としてのアイデンティティの確認であり、権力の誇示なのである。

ハラスメントやいじめは家父長制的なジェンダー規範からの逸脱行動への処罰として発動されるわけだが、逸脱への取り締まり《ポリシング》は日常的にかつ広範に行われている。性別によってふさわしいとされる言葉遣い、表情、態度、服装、髪型、感情について細かな「らしさ」が社会的に共有されており、そこから一歩でもはみ出せば取り締まりと処罰の対象となる。家父長制的規範や期待に沿った行動は誉められ称賛を得るが、そこから逸脱すれば不愉快な反応といった微妙なシグナルやマイクロアグレッション、あるいはあからさまな恥辱を受けることになる。前章で見てきたジェンダー・ステレオタイプに基づくメディア報道も、ジェンダー規範にそぐわない女性政治家が罰せられるという意味で、ミソジニーの発露である。

家父長制的規範への向き合い方について、女性は小さい時から飴と鞭を常に経験し、飴を受け取ることのできた女性たちはその価値観を十分に内面化し、家父長制に反旗を翻す女性たちを罰する動機を持つようになる。女性の敵は女性という使い古された言い回しも、ミソジニーのレンズを通して見れば、家父長制が女性たちを二分し統制するメカニズムのなかで形成されるものであることがわかる。

男性がミソジニーに基づいて行動を起こす場合は、時として激しい暴力行為にまで発展することがある。フェミサイド(女性殺害)のように女性を女性だからという理由で殺害することさえある。男性としての承認を十分に得られなかった場合に、その剝奪された男性性を回復する手段として女性を力ずくで支配する動機を家父長制が与えるからだ。

「からかい」という暴力

さりげないものから苛烈なものまで様々な社会的圧力に晒される女性たちは、最初から声を奪われた存在でもある。ミソジニーが女性を公的空間から追い出す遙か以前に、社会において沈黙することが求められているからである。女性たちが自信を育み、リーダーシップを発揮するのが男性以上に相当に困難なのは、このような家父長制の社会で生きているからである。女性は職業遂行能力だけではなく、モラル的に正しい行動を取っているのか、女性としての温かさなどの資質を持ち合わせているのかということも厳しく査定される。

さらには女性をからかい、いじることで貶める言論を目にする機会も多い。いじりが罪深いのは、冗談だと言い逃れることで、問題を提起する女性の声を無効化し沈黙の淵に追いやると同時に、女性蔑視を正当化するからである。

江原由美子は「からかいの政治学」で女性解放運動に向けられた「からかい」の構造と機能を解き明かし、「からかい」は遊びの文脈に置かれ、攻撃者がその意図を隠すためにしばしば利用することから、「からかい」を受けた側は怒りを感じようとも、それを回路づけることに困難を覚え、内に鬱屈するような、憤りの捌《は》け口《ぐち》を塞がれたような怒りや虚しさにとらわれると喝破した。最近では中野円佳が職場の「いじり」を分析し、一対一で起きるセクハラやパワハラとは異なり、いじりはいじられキャラとして集団に認められようとする力学をも生じさせ、被害者もハラスメントと認識しにくいことを指摘する。

公的な場で女性が貶められることは、その女性自身を傷つけるだけではなく、その光景を見る女性にもダメージを与える。女性政治家を傷つけ、統制し、従わせるような性差別的で侮蔑的な言葉や画像を用いて、政治的に活動する女性がどのように扱われるのかを見せるつける暴力を、クルックは「記号的暴力」と呼ぶ。その女性がまるで存在していないかのように扱う不可視化という暴力や、その女性がジェンダー規範から逸脱し、資質にも欠けることを強調するような攻撃などである。例えば、女性の話を聞かない、話に割り込む(マンタラプティング)、女性が無知であるかのように説教を垂れる(マンスプレイニング)といった日常的に目にするこれらの暴力も、記号的暴力の一部である。重要な点は、他者がいる場においてなされることである。本人を攻撃するだけではなく、それを多数の人に見せつけることによって女性全体を封じ込めるものである。

江原もリブ運動に向けられたメディアからの「からかい」が多くの女性をリブ運動から心理的に引き離したと、その効果の大きさを指摘する。攻撃的な言動は観客に向けて見せしめの効果を持つが、「からかい」や嘲笑はその場にいる者に「遊び」や「冗談」を共有することを求める行為であるという意味で、共謀者をより積極的に巻き込む性質を有しているという江原の指摘は重要である。

オンラインハラスメント

近年ではSNSにおいて女性政治家に向けられた侮蔑的な言葉や憎悪表現であるヘイトスピーチも深刻である。特に匿名性を担保する媒体はハラスメントの温床になりやすい。そもそもハラスメントは若い世代の女性議員の方があいやすいが、SNSを活用する割合が大きいのも若い世代である。アメリカの民主党国際研究所（NDI）の調査によると、四〇歳未満の女性議員の七六・二%がSNS上でのハラスメントを受けたことがあるという。全世代の平均値よりも一八ポイント高い。中琪榮《シンキヨン》と濵田真里によると、オンラインハラスメントを受けた女性地方議員七人のうち六人は、ストーカー行為を恐れて街頭演説等の情報をSNSで流すことをやめたという。議員個人に与える心理的なダメージだけではなく、政治活動が制限されるという二重の被害を被っていることがわかる。

女性が政治に参画する正統性そのものを疑わしめることが記号的暴力の特質である。とりわけオンライン上での攻撃は拡散され、多くの人の目に触れる。次世代の女性たちがそれを目にすることによって積極的に政治に関わることを抑制する効果を持ってしまう。

タマラ・フックスとファビアン・シェーファーの研究によると、Twitterで蓮舫、辻元清美、山尾志桜里、小池百合子に言及したツイートの二―三割が否定的な内容を含んでおり、七―一七%はヘイトスピーチを含む侮蔑的な言葉が使用されていたという。肯定的な内容のものは一六%しかなく、それはほぼ小池に関するものであった。保守政治家よりも革新系の方が標的になりやすい傾向となっている。

Twitterという公開の場で、日常的に女性政治家に対する侮辱や侮蔑が行われていることはニュースになっていない。票ハラ報道のなかでオンラインハラスメントが部分的に報じられることもあるが、選挙期間と関わりなく、日常的に女性政治家は公的な場において言葉の暴力に晒されている。さらに政治的な動機も加わり、左派リベラル政党に所属する女性は右派からの攻撃も受けることになる。

日本での女性政治家へのハラスメントを研究するエマ・ダルトンは、女性議員が性差別の被害を訴えれば、つまりはジェンダーカードを切れば、一層強い批判を浴びせられることがわかっているので、問題提起を控えざるを得ないと指摘する。こうした女性への暴力をどのように抑制するかの議論が十分になされないなか、ネット上では女性差別や人種差別を含む表現が許される空間が広がり、女性やマイノリティのパワーが削がれる状況となっている。

票ハラ

これまで主として海外での調査や研究をもとに、ハラスメントの類型や動機について見てきた。日本の特色としては「票ハラ」(有権者から票と引き換えになされるハラスメント)が多いという見方をクルックは示す。前述の朝日新聞や筆者の共同調査によれば、加害者としては有権者よりも同僚議員の方が若干多いが、それでもほぼ同水準である。より本格的な調査が実施されれば、票ハラが相当広範に横行している実態が浮かび上がる可能性もある。

筆者の共同研究では、有権者からのハラスメントとして「必要以上に連絡（メールや電話・留守番電話に加え、SNSやテキストメッセージでの連絡を含む）がしつこくあった」が最も多く、回答者の四一％が経験していた。議員からのこのような行為を受けたのは七％でしかない。

票ハラに多いこのタイプのハラスメントは、これまで見てきた攻撃やからかいとは異なり、相手をコントロールしようとすることに特色が見出せる。第三者に見せつけることを意図しているというよりも、ダイレクトメッセージを使うなど、本人に直接接触し、思い通りの行動を取らせることを意図していると思われる。

申琪榮と濵田真里は議員が自分の思い通りに動いている場合には応援や称賛を送るが、そうでない場合には攻撃をするタイプのハラスメントを析出し、「ストーカー」タイプと名付けた。加害者には、相手の未熟さを強調したり、自分語りが多いという特色があり、女性議員を支配下に置こうとする動機が見て取れる。加害者は支援者であり、理解者のふりをして近づくだけに厄介である。選挙や議会活動の経験が浅い議員が標的となりやすい。

このストーカータイプのハラスメントは、女性アイドルに一方的に恋愛感情を抱き、期待したような反応が得られない場合に危害に及ぶ事案と同じような構図を取っているように思われる。好意的な言動と攻撃的なそれが混じることから、単純に特定の言葉を計量的に分析する手法では捉えられないという申と濵田の指摘はその通りである。

日本において票ハラが多い理由として、握手や挨拶回りの比重が高い日本独特の選挙文化もその背景にあると考えられる。また、女性議員、とりわけ若くて政治的な経験の浅い女性地方議員に対して、政治や世間により詳しい自分が育て上げるといった関わりのなかで相手を支配しようとする動機を持つ層が多いということもあるのかもしれない。政治が圧倒的に男性で占められている現状では、男性というだけで教える資格性を持つことになる。女性加害者の場合には、地域事情に詳しいといった知識・経験の優位性がハラスメントの土壌になるだろう。新人議員が自分をコントロールしたがる支援者に遭遇することは珍しくないと思われ、その関係性のなかで生じる歓迎されざる言動は、必ずしもハラスメントとしては認識されていないかもしれない。しかしコントロールに失敗したことで、行為がエスカレートすることもあり得るだろう。選挙や議会において活動をしていくための知識やノウハウが広く共有されておらず、一部の人たちが占有しているという情報の非対称性が大きいことも、票ハラの土壌を成していると考えられる。

ハラスメントを法的に規制するには

政治分野における暴力という切り口から女性政治家が受けるハラスメントを見てきたが、政治分野における男女共同参画推進法が二〇二一年に改正され、セクハラおよびマタハラ防止を含むことになった。議会や地方公共団体は責務として、政党は努力義務として、ハラスメント研修の実施や相談窓口の設置などに取り組むことが求められている。先行して実施されてきた職場におけるハラスメント規制から、どのような示唆を得ることができるだろうか。

日本では、男女雇用機会均等法においてセクハラの防止義務が事業主に課せられている。二〇二〇年には労働施策総合推進法、女性活躍推進法、男女雇用機会均等法、育児・介護休業法の一連の改正により、職場におけるパワハラ防止が新たに事業主に義務づけられ、セクハラおよびマタハラの防止策強化が図られた。しかし行為自体は禁止されていない。そのため、セクハラを訴える裁判では被害者は民法上の不法行為として行為者に損害賠償を求めることになり、均等法を根拠に争うわけではない。事業主がセクハラ防止を果たしていない場合は行政処分が下され、企業名の公表がなされることになっているが、実際に公表された事例はない。

法律上防止が図られるセクハラは、性的性質または目的を有する言動とされており、性別役割を強要する言動（ジェンダーハラスメント）は法的にはセクハラには含まれていない。ジェンダーハラスメントとは、「女性のくせに○○」だとか「女性だから○○」といった発言で、女性には職業能力を期待しない、あるいは職業能力が備わっていないことを匂わせる言動である。男性には職業遂行に必要な男性性に欠けることを示す言動として現れる。政治分野においては極めて多く出現するタイプのハラスメントである。セクシュアルな内容を含む交際関係や夫婦関係に関する質問やいじりは、行為者・被害者ともにセクハラと認識しやすいと思われるが、「政治は男性のもの」と考える政治家が日常的に行うジェンダーハラスメントもまたハラスメントであると認識していく必要があるだろう。小林敦子の研究によれば、ジェンダーハラスメントが精神的健康に与える影響は大きく、決して看過できるものではない。

日本の規制ではハラスメントの形態、つまり性的な形態を取っているかどうかがもっぱら問われてきた。ジェンダー差別に基づいているかは問われていない。そもそも日本では性差別を定義し禁止する法律がないので、差別であるかどうかを問うことを迂回し、ハラスメントの外形に着目し防止策を講じようとしてきたのである。しかしすでに見てきたように、暴力の動機に踏み込んで理解しなければ、死角に陥るハラスメントやいじめが出てくることになる。女性議員に対する暴力は性的な形態を取ることより、心理的なものや記号的暴力が圧倒的に多いのである。法的に定義されたセクハラでは捉えきれない多くのハラスメントが存在しており、それらへの対策を講じていく必要がある。

海外のセクシュアルハラスメント法理

海外での展開を見ておこう。セクシュアルハラスメント(セクハラ)の法理はアメリカのフェミニスト法学者が先導して理論化を進めてきた。そこではセクハラを公民権上禁止される性差別と捉えることで判例の積み重ねが図られてきた。しかしながら、近年のフェミニスト理論ではセクハラを職場におけるセクシズム（性差別）の表出と捉え、性的欲求に起因するとの解釈を退けている。例えば、ヴィッキー・シュルツは「ハラスメントとは支配的な男性が女性（および「劣る」とみなされる男性）を劣位に位置づけ、理想化された男性的な職場の地位とアイデンティティを誇示するための一つの方法」と定義する。セクハラを性的欲求から理解するパラダイムでは、上位のものから下位の者に対して、また男性から女性に対して、性的欲求に駆り立てられた性的な現象として理解することになる。ここで問題になっているのは、捕食的なセクシュアリティである。これは男性がその地位を利用し、自らの性的欲求を満足させるために女性を性的に支配する（捕食する）と捉えるものである。他方で、セクハラを男性的な職場における男性の地位とアイデンティティを維持、確認するための手段と捉える立場では、ハラスメントを歓迎されざる性的勧誘だけではなく、ジェンダー規範をかき乱す女性や男性、性的マイノリティに向けた性差別的な言動や誹謗中傷を含む行為と捉える。

アメリカとは異なりヨーロッパ諸国は、セクハラを性差別でなく、人格権、すなわち人間の尊厳の侵害として位置づける傾向にあったが、アメリカの議論はEUにも影響を与え、二〇〇二年改正の男女均等対遇指令を画期としてセクハラを性差別の一形態として規定するようになった。もっとも、アメリカの議論が導入される段階で「ヨーロッパ化」が図られ、人間の尊厳の侵害としても位置づけられた。このような展開に対して、フェミニスト法学者からは批判の声が上がり、一般的な人権問題として扱うことは、公民権の侵害ではなく不法行為として扱うことになり、セクハラが個人の問題に矮小化され、職場の性差別構造の問題であるとの認識を弱めるとキャサリン・ジッペルは指摘する。

申琪榮はこれらの議論を踏まえ、セクハラがもたらす害を四つにまとめる。すなわち、尊厳の害、性差別の害、労働の害、長期的な自己実現の害である。セクハラの議論を狭い法的枠組みだけに閉じ込めるのではなく、その及ぼす害を総合的に理解し、また男性の持つ特権的な権力がそのような地位にある男性の性的欲求を形成し、セクハラを引き起こすことへの理解が必要である。とりわけ日本の法的枠組みは狭いため、実際の害に着目した理解を進めることは、被害者を救済し、効果的な防止策を講じるために不可欠といえよう。

政治におけるハラスメントの特殊性

さらには、企業や教育機関とは異なる政治分野のハラスメント構造の特殊性について理解を深める必要がある。政治家というのは権力的地位であり、それを得るための競争あるいは政治闘争がつきまとう。さらには公職を得たあとも、「政治力(パワー)」を用いて意思決定に影響を及ぼすのが仕事である。ここで行使されるパワーと、それが濫用されハラスメントとして認定される行為の線引きはどうなされるのかという問題が生じる。民主政治において合意形成は言論によってなされることを踏まえれば、政治活動において個人の人格・尊厳を侵害し、政治家としての職務の円滑な遂行を阻害し、意思決定から排除することはあってはならない。それが基本原則となろう。

政治分野のハラスメントというと女性議員が被る事例が注目されているが、実際の被害の範囲はもっと広い。様々な人たちが異なる立場で政治に関わっているからである。議会や役所では職員が働き、議員事務所では秘書、スタッフ、インターンが働いている。選挙では選挙運動員やボランティアが働く。そこには権力の非対称性が歴然と存在する。ハラスメントが権力関係から発生することを考えると、議員から秘書へ、秘書からインターンやボランティアへ、場合によってはベテランの議会事務局職員から新人議員に対してなど、権力勾配に応じて様々なハラスメントが発生しうる。さらには有権者からのハラスメントとして前述の票ハラがある。これは職場におけるカスタマーハラスメント（顧客や利用者から販売員などへのハラスメント）に相当し、投票や支援と引き換えに一方的な欲求を迫るものが多いが、票だけではなく選挙や地域に関する知識・人脈といったことが優越的な立場を構成する。さらには議場のヤジやオンライン上のハラスメントは前述の記号的暴力であり、標的となる人だけではなく、多くの人が耳にしたり目にしたりすることで同じ属性を持つ人が同時に攻撃される。

議員から議員への性的な攻撃、あるいは首長から議員へのそれは、諸外国ではしばしば告発されスキャンダルとなっている。日本では、地方議会では告発された例はあるものの国会では取り沙汰されてはいない。ＩＰＵの調査では同じ陣営内で起きることが指摘されており、また政治的な保守・リベラルを問わず発生していることもわかっている。リベラル政党だから起きないということはまったくなく、同じ政党内で発生するハラスメントは他陣営を利することになるため、泣き寝入りになりやすい、握り潰されやすいものでもある。アメリカ、イギリス、韓国、オーストラリアなどでは政界でもMeTooが起きたのに対して、今のところ日本ではそのような展開を遂げていない。しかし、権力関係と性差別がある限りハラスメントは発生し、ましてや女性議員の少なさを考えれば、女性は男性の領域に侵入する異物として扱われることが多いであろう。政治は女性議員へのハラスメントや暴力を発生させる強力な磁場であることを前提とした対処策を講じていく必要があるだろう。

さらには、女性記者も政治ハラスメントの被害にあいやすい。首長や行政府幹部、議員に一人で、時には密室で、取材するのが仕事であり、セクハラにあいやすい職場環境といえる。細田博之衆議院議長のセクハラ疑惑報道(二〇二二年)、福田淳一財務事務次官のセクハラ疑惑による辞任(二〇一八年)、長崎市幹部による性暴力事件(二〇〇七年。二〇二二年には裁判で長崎市に一九七五万円の賠償命令)などが表面化している。

ハラスメントは、性的形態を取ることもあれば取らないこともある点にも注意を払う必要がある。性的言動だけに注目すると、その背景をなすミソジニーが見落とされてしまうかもしれない。形態は様々なものを取りながら、女性を排除したり沈黙させたりする目的・効果を持つことを主軸に捉えるべきである。

地方議会におけるいじめ

さらに、地方議会において報告されるハラスメントは、ハラスメントというよりも「いじめ」の構図に近いものも多い。筆者らが全国フェミニスト議員連盟と共同で行った調査では、少数派議員がしばしば懲罰的対応(問責決議、議員辞職勧告、議事録削除、発言制限、謝罪要求など)を取られる実態が明らかになった。背景のひとつには政治的動機があり、これはイデオロギー的な対立もあるが、地方議会の場合はそれ以上に地域における対立構図のなかで、少数派が排除される過程で懲罰的対応が生じている。開発事業をめぐる是非や補助金支出に関する不正追及といった案件が引き金となっていることも多い。また、市民感覚を持ち込む議員に対しては、守旧派議員が異分子を排除したいという動機から懲罰的対応を取ることもある。女性議員は少数会派に属したり、市民派としての活動を展開することも多いため、ミソジニーも絡みながら標的とされがちである。

地方議会で起きているこれらの案件がハラスメントというより「いじめ」に近いのは、個人と個人の間のトラブルではなく、多数派が特定の個人を狙い撃ちにする構図が見えるからである。ハラスメントを行ったことを半ば口実に多数派が少数派に対して問責決議を行うケースもある。今後は政治倫理条例を策定し、ハラスメント防止に取り組む地方議会が増えることが予想されるが、事実認定の第三者性を確保するなど多数派の専制を防ぐ仕組みが必要である。

バックラッシュの波

ここまで、政治分野における女性への暴力の背景にあるのはミソジニーであることを見てきた。それは家父長制的価値規範に叛《そむ》く女性を排除する、あるいは沈黙させることを目的とするものだ。このことはまた、政治的反動がフェミニストへの強い攻撃となって現れることを意味する。ジェンダー平等が少しでも進展を見せると、バックラッシュが必然的に引き起こされる。

日本では一九九〇年代に女性議員が増え、ジェンダー平等に関する立法も進んだ。男女共同参画社会基本法(一九九九年)やDV防止法(二〇〇一年)はその最たる成果である。一九九六年には法制審議会が選択的夫婦別姓を可能にする法改正を答申した。一方で、中野晃一が指摘するように、日本政治の「右傾化」が進行し、国家主義と新自由主義を中核とする新右派連合の存在感が増していく。フェミニズムへのバックラッシュは、歴史修正主義バックラッシュの一環として激しい高まりを見せるのである。選択的夫婦別姓への反対はもちろんのこと、性的自己決定権に基づく性教育への反対、教科書における日本軍「慰安婦」問題の記述削除、女性・女系天皇への反対、男女共同参画条例の阻止や内容の書き換え、「ジェンダーフリー」バッシングなどとして表出した。「慰安婦」問題が焦点のひとつであったように、ミソジニーとレイシズム、そして植民地主義が混ざり、歴史修正主義に感化される層が影響力を増すとともに、フェミニストへのバッシングが具体的政治課題を伴って引き起こされた。

地方議会を中心に草の根の保守運動が広がり、中央政界では安倍晋三などが旗を振り、「慰安婦」問題について日本軍の関与を認めた河野談話の見直しや、「ジェンダーフリー」を標的にした言葉狩りが起きた。二〇〇五年に策定された第二次男女共同参画基本計画には、ジェンダーフリーは「国民が求める男女共同参画社会とは異なる」と書き込まれ、ジェンダーの用語も「社会的性別」とされ、それまでの「社会的・文化的に形成された性別」とは異なる定義が使われた。文化的という言葉が落とされた背景には、ジェンダーフリーというのは雛祭りや鯉のぼりを否定する「過激な」思想だとの声が上がったことがある。二〇〇六年には内閣府が地方公共団体に対してジェンダーフリーという用語は使用しないことが適切であるとする通達を出すに至っている。

第二次男女共同参画基本計画では、リプロダクティブ・ヘルス／ライツへの言及も後退し、逆に日本は中絶の自由を認めるものではないことが明記されている。

この時期からバックラッシュが起きた背景に宗教右派の影響があったことが、二〇二二年七月の安倍元首相の銃撃事件を契機にようやく明るみになりつつある。(旧)統一教会や神道政治連盟、日本会議などが男女共同参画条例の制定を妨害したり、「親学」の推進や家庭教育を強める運動を展開するなど、自民党および一部の地方行政に深く浸透している。

ジェンダーという言葉が使える時代へ

一九九〇年代後半から二〇〇〇年代前半に吹き荒れたバックラッシュの嵐はその後のジェンダー平等政策を停滞させるに余りあるものであった。右派が狙った男女共同参画社会基本法の廃止こそ実現はしなかったものの、ジェンダーという言葉は長い間封印され、「男女共同参画」という官製用語しか使えない状況が続いた。二〇一二年に発足した第二次安倍政権は新たに「女性活躍」という言葉を作り出し、内閣官房に「すべての女性が輝く社会づくり本部」を設置し、内閣府の男女共同参画会議の重要性を引き下げるような動きも登場した。ジェンダー平等が「男女共同参画」に意訳され、女性のエンパワーメントが「女性活躍」と矮小化された日本では、国際的な規範は換骨奪胎され、ガラパゴス化していったのである。

ところが近年ではＳＤＧｓの浸透により、「ジェンダー平等」という言葉が一気に市民権を得る事態となっている。SDGsのターゲット5は「ジェンダー平等」と訳され、日本社会に浸透していった。ジェンダーという言葉はメディアでも溢れ、地方自治体の男女共同参画計画にもジェンダー平等計画という名称が使われ始めている。二〇〇〇年代前半にはバックラッシュの旗振り役だった安倍が、二〇一五年には女性活躍推進法を成立させ、指導的立場にある女性の割合を二〇二〇年までに三〇％にするという従来の政府目標を再利用しようとするなか、「ジェンダー」の言葉狩りはもはや不可能な状況である。二〇二一年には流行語大賞のトップテンに「ジェンダー平等」が選ばれるまでになった。

このこと自体は歓迎すべき時代潮流であるが、遠からず形を変えたバックラッシュがやってくる、あるいはすでに起きていると見るべきであろう。すでに指摘したように、一九九〇年代後半以降の日本のバックラッシュは日本政治の(より厳密には自民党の)右傾化と共振して起きており、歴史修正主義をめぐる論点が前景化した。

第二次安倍政権(二〇一二―二〇年)になると、右派は「歴史戦」は国内では勝利を収めたとし、海外での「慰安婦」像建設反対運動を展開するようになったことが山口智美らの研究で明らかになっている。科学研究費(科研費)を用いた「慰安婦」問題研究に国会議員の杉田水脈《みお》が介入する事態も起きた。それに対し二〇一九年には牟田和恵、岡野八代、伊田久美子、古久保さくらが原告となり名誉毀損の裁判が起こされた。依然として「慰安婦」問題は「歴史戦」の中核を占めているが、女性の普遍的な人権問題であることからグローバルな「記憶のポリティクス」が展開しつつある。その意味で、第二次安倍政権が進めた女性活躍は一般に理解されるような経済政策ではなく、日本の国際的な威信の向上という政治プロジェクトとして捉えることで、その性格がより正確に理解できると筆者自身は考えている。

家族への介入

日本のバックラッシュを構成するもう一つの柱は、家族への国家介入である。右派は「国家家族主義」と呼ぶべきイデオロギーを保持しており、選択的夫婦別姓への強固な反対に見られるように、譲れない核心的な価値観として異性愛規範、法律婚規範、嫡出性規範、永続性規範（離婚は限定的にしか認めない）を原理とする近代家族観を持っている。

右派はさらには、家庭教育への介入の意図を強めている。本田由紀は『国家がなぜ家族に干渉するのか――法案・政策の背後にあるもの』で、「劣化しているように見えた家族と子どもを矯正し、国家に貢献するべく仕向けたいという政治的な願望」を見抜く。「男女間および親子間の権威主義的で非対称的な関係性」を是とする「極右ネットワーク」が現在の自民党に大きな影響力を持っており、そこには「家族という、大半の人々が属する集団を、根底から思うままの形に変えたい、それによって国民を掌握し、コントロールしたい、という強い欲望」があると論じる。右派政治家の選択的夫婦別姓や同性婚、ＬＧＢＴ差別解消法への頑なな拒否感も、こうした政治的野望から来ていると理解できる。

二〇二二年には二六二人の国会議員が参加する神道政治連盟国会議員懇談会において、性的少数者のライフスタイルは「家庭と社会を崩壊させる社会問題」だとする冊子が配布され、冊子の内容を否定し差別をなくす姿勢を示すことを求める五・一万人の抗議署名が自民党と同懇談会に送られた。自民党が(旧)統一教会との関係を清算しきれないように、宗教右派と右派政治家は抜き差しならない関係にあり、これらの影響力が保持される限り、選択的夫婦別姓、同性婚、ＬＧＢＴ差別解消法は一歩も進まない状況にある。

女性の身体もまた標的にされる。少子化・人口減少に対する危機感が、女性の身体を統制し、産ませる圧力へと転じているからである。高校生に向けた妊活の推進、官製の婚活政策といった国家主義的なものから、フェムテック(生理や更年期などの女性の課題を解決する技術)推進の新自由主義的なものまで、活用できる資源を総動員している。こうした露骨な出産奨励は、第２章で見たように女性のセクシュアル・リプロダクティブ・ヘルス／ライツを置き去りにしたものである。筆者は第二次安倍政権の女性就労支援と出産奨励政策の組み合わせを「新自由義的母性」と呼んだが、国家家族主義と新自由主義の度合いは政権のカラーによって変わるものの、基本路線は継承されていると見ていいだろう。

男性問題

日本のバックラッシュは歴史修正主義と国家家族主義を伴い、中央と地方の政治運動が共振しながら展開した。もっとも、バックラッシュ自体は普遍的な現象である。ポストフェミニズムといわれる、フェミニズムの要求はすでに実現した、男女平等は達成されたという理解を背景に、それへの反動として世界的に引き起こされている。こうしたアンチ・フェミニズムの男性権利運動（ＭＲＡ）の研究によれば、男性性を称揚する様々なネット上の言論空間（マノスフェア〔manosphere〕と呼ばれる）が存在し、それらは趣を多少異にするものの、フェミニズムを打倒し女性を男性スペースから追い出すことを共通項とし、活発な活動を広げているという。

男性スペースとは、男性専用スペースというのではなく、公私二元論を前提とし、公的領域は全て男性のものという意味である。「男性もつらいよ」という感情に訴え、フェミニズムが奪ったとされる男性の地位回復を核とする運動でもある。女性が不当に優遇されている、男性が割りを食っているという被害者意識がベースになっているといえよう。アメリカではよりオーソドックスなアンチ・フェミニズム運動である男性のＤＶ被害者運動や子どもの親権をめぐる運動は衰退傾向にあり（日本ではむしろ共同親権運動は活発化傾向にあるように思われる）、代わりにマノスフェアでの言論活動が広く浸透しているという見方もある。

日本ではどうだろうか。海妻径子は「反「フェミナチ」運動」としてバックラッシュが広がっていることを指摘する。背景には男性の「周縁化」があることを示すが、伊藤公雄も同様に男性のクライシスを指摘する。伊藤によれば、近代社会の男性性には優越志向、権力志向、所有志向の三つの特徴があり、この三つの軸において女性に負けてはならないという意識が男性には強いと指摘する。男性は女性に対して支配的でなければならないという思い込みがあり、他方で男性は女性に家事、子作り、子育てを過剰に依存しているという支配と依存の関係にあると説く。女性の社会参加と経済的自立が広がると、男性は女性のサポートが得られなくなることからクライシスを引き起こす。もっとも、ジェンダー平等後進国日本において、男性がクライシスに陥らなければならないほどの実態はないはずである。ただし長引く経済停滞と女性活躍の喧伝を目の前にして、実態としてのジェンダー平等はともかく、伊藤が見出す「何だかわからない不満」を感じ、無自覚に「既得権」と思い込んでいたものが奪われつつあるという不安感が生じていることは理解できる。それを伊藤は「剝奪感の男性化」と呼ぶ。

剝奪感の根底にあるのは、「既得権」を持っているはずだという感覚であろう。男性特権という言葉を第3章でも紹介したが、それがこの既得権という感覚に相当する。男性であれば当たり前にあると思っているものなので、特別の待遇を受けているとは感じられない。しかしそれを失くしてしまえば、剝奪感に襲われる。特に日本の男性は家事・育児に割く時間が先進国のなかでは圧倒的に少なく、これまでケア責任は免責されることが当たり前であった。共働き世帯が増え、男性の家事・育児負担が増えると、もやもやとした「何だかわからない不満」が生まれ、それが長時間労働根絶の要求に繋がるのではなく、むしろ女性やフェミニストを自分から何かを奪った存在と捉え、鬱憤の矛先を向ける場合もあるであろう。同時に、長期化する経済停滞と非正規雇用の広がりは男性だって大変だ、男性こそつらいという「弱者男性論」に物質的な基盤を与えるものでもある。

心理学の研究においても、厳しい社会経済状態に置かれると男性は競争相手になる女性への警戒を強め、ステレオタイプが強化されるという。そのため女性リーダーへの評価が低下する。日本の経済的な衰退が女性へのバッシングを生むことは、こうした研究結果と符合する。

新しい男性性に向けて

ＯＥＣＤもまたこの男性問題への関心を深めている。第2章で紹介したように、ジェンダー平等政策を推進するにあたり社会の意識・慣行に立ち入って指数化を進めているが、近年では男性性に焦点を当て、ジェンダー平等に適合的な男性性をいかに育むかという問題意識を掲げている。二〇二一年に出版された『十分に男らしい？　女性のエンパワーメントに向けて男性規範を測定する(Man Enough? Measuring Masculine Norms to Promote Women's Empowerment)』では、「本物の男」たるものこうあらねばならないとされる資質のうち、ジェンダー平等を阻害するものとして次の一〇項目を指摘する。それは男子の本懐とでもいうべき性向であり、公的領域においては、①稼ぎ主として家族を支えていること、②妻より稼いでいること、③「男らしい」仕事についていること、④「理想的」な働き手であること、⑤「男らしい」リーダーであること、私的領域では、⑥家族で決定する事案について最終的な決定権を持っていること、⑦家財を管理していること、⑧家族構成員を守り監護していること、⑨性的関係や子作りの選択を支配していること、⑩無償のケア労働や家事をやらないこと、である。これらの男性性に適合的であるほど男らしいという社会の承認を得られ、男性社会のなかでの地位も上昇する。これらはOECDが複数の国での男性性研究から引き出したもので、それぞれの比重は地域や分野、時代によっても異なる。これらの性質を測定するためのアンケート質問をどのように精緻化したり、国際比較が可能になるよう発展させたりできるかが今後の課題であるとしている。

この一〇項目は、日本においても男らしさを示す性質として通用するものであるように思われる。具体的な「男らしさ」の中身は階層差もあり、時代とともに変化もするだろう。例えば日本では世界一といわれる育児休業制度を持ちながら、男性の取得率は低い。これは制度の問題ではなく文化・規範の問題である。男性が育休を取ることを男性上司が歓迎しない理由として、コスト増になるだけではなく、その上司が内面化している男性規範とそぐわないため、そもそも理解できないということもあるだろう。伊藤忠商事社長が「「イクメン、弁当男子」はなぜ出世できないか」というコラムを『プレジデント・オンライン』で発表し、論争になったのは二〇一二年のことだった。約一〇年の月日が流れた現在、男性上司の意識はどのくらい変化しただろうか。

ジェンダー平等に適合的な男性性として、EUなどではケアする男性性(caring masculinity)が盛んに提唱されている。伊藤はこれを「男性のケア力」と呼び、男性がケアする、つまり他者の生命や身体、気持ちに配慮する力を身につけると同時に、自分が大変な時には助けを求め、ケアを受容する力も涵養する必要があると述べる。あるいは杉田俊介はライディカル・メンズリブの可能性として、男たちが、「ありのままの、ありふれた「男」としての自分のことをまっすぐ愛せる」ようになること、つまりは「自らの加害性を容赦なく認識し、「男」らしさの鎧をunlearn〔学び捨て：筆者注〕し、その痛みにおいて社会変革を目指すこと」を呼びかける。男性学においてこうした新しい男性性の提起が行われると同時に、前述のようにバックラッシュに加担する男性権利運動も勢いを増している。男性性規範をめぐる論争や運動の行方は女性の政治参画にも大きな影響を及ぼすものである。

好意的性差別態度と敵意的性差別態度

男性性や女性性に関する規範は人々の投票行動に影響を与えたり、政治家を評価する際に男性と女性では異なる基準を適用することに繋がったりしている。ジェンダー・ステレオタイプが女性政治家には不利な環境を作り出していることは、第4章でも論じてきた。

有権者の性別に関する規範がどのように異なるかについては、セクシズム（性差別的態度）の研究として心理学において発達し、投票行動研究にも大きな影響を与えている。ピーター・グリックとスーザン・フィスケが一九九六年に両面価値的性差別理論を発表し、セクシズムには敵意的性差別態度と好意的性差別態度の両側面があることを指摘して以来、この二つの性差別的態度の測定とその影響について多くの研究がなされてきた。敵意的性差別態度というのは、従来の女性規範に反するような女性に対して否定的な態度を持つものであり、言葉通りの偏見や蔑視である。例えば「政治指導者は男性の方が適している」という見方に賛成する場合は、敵意的性差別態度を有するということになる。このほか様々な質問項目によって測定されるものである。

他方、好意的性差別態度は伝統的に女性らしいとされる振る舞いをする女性に対して好意的な態度を取るもので、女性は弱い存在であるから男性が保護しなければならないといったパターナリスティックな態度や、男女は相互補完的な役割を担っているという意識である。後者は女性の方が男性よりも道徳的に優れているとか、純粋な特性を持っているといった考えである。

女性に関する肯定的なステレオタイプを支持する態度だが、そうしたステレオタイプは女性の男性に対する従属的な地位を正当化するものであるという意味でジェンダー不平等の維持を肯定するものであると考えられている。このほか、心理学では異性愛規範もまた好意的性差別態度の重要な構成要素とされている。

敵意的性差別態度はわかりやすいが、好意的性差別態度は女性に優しいふりをするので、それが差別であるとの認識を自分も周りも持ちにくいかもしれない。男性が自分はフェミニストだと自称し、男性は女性には敵わないと女性の素晴らしさを称揚するような場合には、往々にしてパターナリスティックな態度の現れであることが多い。

政治学は二つのセクシズムが投票行動や争点態度にどのような影響を与えているかに関心を寄せてきた。ニコラ・ウィンターの研究は、アメリカの有権者については男性の方が女性よりも敵意的性差別態度を有する傾向にあり、共和党支持者の男女の方が民主党支持者の男女よりもその傾向が強いことを示す。性差よりも支持政党による違いの方が大きいということである。他方、好意的性差別態度には性差が小さく、政党支持による違いもほとんどない。そして二〇一六年の大統領選挙では、敵意的性差別態度を持つ人はトランプを支持し、連邦議会選挙では男性議員を支持する傾向にあったという。好意的性差別態度については、候補者の性別よりもリーダーシップのスタイルに反応をしており、性別に関わりなく男性性の強い候補者の方を女性性の強い候補者よりも支持するという実験結果が得られている。バラク・オバマ大統領は女性的なリーダーシップのスタイルを持ち込んだといわれており、そのことへの賛否が沸き起こったが、これは好意的性差別態度を持つ層から批判が起きたためと考えられる。

現代的性差別態度

敵意的性差別態度と重なりつつ異なる概念として、ジャネット・スウィムらは現代的性差別態度を提示する。これはもはや性差別は撤廃されたという状況認識をベースに、女性たちの地位向上を求める動きへの否定的な態度や（例えば、女性たちが怒っているのは理解できないという意見表明）、政府やメディアは女性を優遇しすぎているという態度として現れる。むろん、伝統的な性別役割規範を解消すること自体に反対なのではなく、ジェンダー平等についても理解があるという自覚を持っている。しかしもはや性差別がないにもかかわらず、むしろ女性の方が優遇されているではないかという態度である。ポストフェミニズム的な時代状況を反映した性差別の現れ方といえよう。現代的性差別態度はほかのセクシズムの指標よりも投票行動や政治的態度との結びつきが高いとされる。

リベラルを自称する男性が時としてフェミニストからの批判を招く言動を行うことがあるが、それは隠されていた現代的性差別態度の現れである場合もあるだろう。また、しばしばジェンダーギャップ指数は意味がないとか、偏っているという批判がなされることがあるが、これは現代的性差別態度の現れである可能性もある。ジェンダー平等は達成されているのだから、それに反するデータはどこかに不正があるに違いない、フェミニストが性差別だと騒ぎ立てているのはおかしく、管理職に女性が少ないのも、女性のモチベーションが低かったり、頑張らなかったりする個々人の問題だろう、といった意見は現代的性差別態度のバリエーションである。

現代の日本社会ではジェンダー平等の規範意識は高まりつつあるように見える。ジェンダーという言葉を目にする機会は大きく上昇した。気をつけなければならないのは、このことが逆に事実誤認に繋がる可能性である。「ジェンダー平等であるべきだ」と考え、「社会でもジェンダー平等の意識が広がっている」と認識し(ここまでは正しい)、そこから「社会はすでにジェンダー平等になっている」と認知する可能性である。当然ながら論理の飛躍がある。

現代的性差別態度の場合は、建前としてはジェンダー平等を支持することから、第1章や2章で見てきたようなジェンダーギャップの数字を直視させ、女性や性的マイノリティの生きる現実を伝え続けることで、認知の歪みや論理矛盾に気づいてもらうことが必要といえよう。

第6章 なぜクオータが必要か

世界に広がるクオータ

ここまで女性議員の誕生を阻む様々な障壁を見てきた。政治だけではなく、経済においても意思決定への参画には大きな性差があり、その背景には性別役割分業の意識と実態が根強く維持されていることがある。政治は男性のものという意識は弱まりつつあるとはいえ、既得権を持っている男性たちはそれを手放そうとはしない。これらを変革していくことがジェンダー平等な議会を実現するためには必要であるが、それは長い道のりとなる。卵が先か鶏が先かではないが、女性議員が増えるためは制度改革が必要であるものの、それを決定する国会にはまだ女性が少ないため、制度改革も進まないという悪循環が存在する。

女性国会議員の割合の世界平均は一九九五年の一一%から二〇二一年の二五%へと上昇した。約二五年間で倍以上に増えた最大の理由として、クオータが広がったことがある。二〇二一年現在で一二九カ国・地域で何らかのクオータが実施されている(Gender Quotas Database)。世界の三分の二以上の国で導入されていることになる。

クオータ(quota)とは割り当ての意味であり、四分の一を表すクオーター(quarter)とは異なる。属性による不均衡を是正するために、少数派に対して一定割合・数をあらかじめ設定する手法である。ジェンダー・クオータは性別不均衡を是正するために、議席や候補者、あるいは企業の役員等の一定割合を女性あるいは男女双方に割り当てる制度である。同じ考え方は年齢、障がい、エスニシティなどにおいても展開できるが、最も普及しているのが性別不均衡を是正する手段としてのジェンダー・クオータである。

選挙にジェンダー・クオータを最初に導入したのは、一九七五年のノルウェーの左派社会党と自由党である。その後は北欧を中心に政党が自主的に党則などで女性候補者の割合を最低三割あるいは四割と定める「候補者クオータ」が広がっていった。一九九〇年代になると法的にクオータを規定する例が新興民主国において増えてくる。一九九一年にアルゼンチンが初めて選挙法によって法的な候補者クオータを導入すると、瞬く間にラテン・アメリカ諸国に同様の措置が広がった。また、憲法等によって議席を女性に割り当てる国も出ている。

二〇二一年五月時点で、政党が自主的にクオータを実施している国・地域は五六カ国、議席割当を導入した国・地域は二八カ国、法的候補者クオータを下院に導入する国・地域は五八カ国、地方選挙のみに導入する国は七カ国となっている(Gender Quotas Database)。一つの国が二つ以上の異なるタイプのクオータを導入することも珍しくない。

クオータの効果

クオータというと単純に一つの制度やルールのように思われるかもしれないが、選挙制度との組み合わせや罰則の強さによって多種多様な制度が存在する。

議席割り当ての場合は割り当てられた水準の議席を確実に女性が占めることになるが、候補者クオータの場合は抜け道がある。比例名簿のどの順位に女性が位置づけられるのか、あるいは小選挙区の場合はどの選挙区に女性が擁立されるかによって、当選する女性の割合が変わるからだ。比例名簿であれば上位に位置づけられるほど、小選挙区であればその政党にとって勝算のある選挙区で擁立されるほど、当選者に占める女性割合は向上する。

法的な候補者クオータが導入された初期には、政党は女性を比例名簿の下位に登載したり、勝てる見込みのない選挙区に多く擁立したりするなどの抵抗を示し、クオータの効果は限定的であることが散見された。女性の政治参画を求める女性運動がそうした政党の抵抗姿勢を批判し、抜け道を塞ぐような法改正を経て、制度の実効性を高めてきた歴史がある。例えば、韓国では比例代表名簿の奇数順位には女性を登載すると規定し、ベルギーでは比例名簿の五人ごとにどちらの性別も最低二人は登載するなどの規定を設けている。女性を下位に位置づけさせないためには、こうした配置に関する規定が有効である。

さらに、罰則規定については差が激しい。最も厳しいのがメキシコのやり方で、クオータ規定に満たない候補者届出を選挙管理委員会は受理しない。中間的なのがフランスであり、クオータ規定に満たない場合は、政党交付金が減額される仕組みとなっている。緩かったのは韓国の国政の比例代表名簿である。政党名簿の五〇％以上に女性を登載する規定となっていたが、罰則は設けられていなかった。もっとも全ての政党が五〇％を遵守し、二〇一八年には法改正により義務化が実現した。現在は、違反した場合には登録無効となる（なお、小選挙区における三〇％クオータは交付金増額のインセンティブがあるにもかかわらず、どの政党も遵守していない）。

具体的なクオータの制度や実効性が様々であるため、クオータを導入すればすぐに男女比率が改善するというわけではないことには注意が必要である。クオータを実施する一二九カ国・地域のなかでも、女性議員の割合が二割に達しない国は三三カ国にのぼる。一割にも満たない国も六カ国ある。

政党が自主的にクオータを実施する場合は、その国の全ての政党が実施することは稀であり、クオータを実施する政党が議席を伸ばさないと全体の女性議員割合は改善しない。上院や地方選挙にだけクオータを導入する国の場合には下院への波及効果は限定的となる。

下院において法的クオータを実施しているにもかかわらず女性が二割に満たない国は、韓国（一九％）、モンゴル（一七・三％）など九カ国ある。韓国では効果の出やすい比例代表の議席割合が少なく、小選挙区では主要政党が三割の努力義務を遵守していないことが原因となっている。

つまり、実効性のあるクオータとそうでないものがあり、日本が導入するのであれば、形だけでなく、実効性のある制度設計が必要である。どの選挙のどの部分にどの程度の強さで実施するかにまで踏み込んで議論し、成果の出る制度を設計すべきであろう。

クオータ反対論への反論

クオータが多くの国で実施されているとはいえ、すんなりと導入されたわけではない。クオータに対する偏見や無理解は珍しくなく、懐疑的な見方も常に提示されている。しかし、クオータの実践が広がっているために、その効果についての研究も蓄積され、誤解に対してはエビデンスによって反論することが可能になっている。ここでは典型的なクオータ反対論に対する反論を述べたい。

⑴女性に下駄をはかせる　最も強い拒否感は、クオータとは能力や経験に劣る女性に下駄をはかせるものであるという理解に由来するものだろう。メリトクラシー(能力主義)の原則に抵触するという議論だ。もちろん、公職に就く者に対して相応しい能力、経験、見識、人格を求めることは当然である。

しかしながら、「下駄をはかせる論」は事実に反している。クオータを導入した国において、能力に劣る女性が選出されるようになったという現象は観察されていない。男性と同等かそれ以上の能力や経歴を持つ女性が政界に入り、議員としての活動もまったく引けを取らないことがわかっている。政治という世界は様々なキャリアを築いてきた者が、ある時点で立候補の意思を固めて挑戦するという特質を持つ。クオータが導入されると、女性は擁立されやすくなり、また当選しやすくなる。一般的に女性の方がリスク回避の傾向があるため、クオータが導入されると潜在的に政治に関心ある女性たちの立候補決意を促す効果がある。

「下駄をはかせる論」は、現職議員たちは能力や適性が高く、多くの女性はその基準に達していないという認識を前提としているが、本当にそうだろうか。そもそも議員の適性とか能力とは何かについて、日本では議論が欠落している。利益誘導に長けた人物、官僚として政策に携わった経歴、高い見識に裏づけられた将来ビジョンを持つ人、社会の弱者やマイノリティの声に耳を傾ける人など、議員の資質は多角的に論じる必要があるが、いずれにしてもどのような考え方や実行力を持った人が議員に相応しいのかに関する議論はほとんどなされていない。

第3章で見たように、候補者モデルが男性化しており、政治家の「能力」はどれだけ私生活を犠牲にして地域の人々と関わることができるかで評価される傾向にある。地域の代表として人々の世話を焼くことは政治家の重要な資質であるが、それだけでいいのだろうか？ 憲法には国会議員は国民の代表であると規定されているが、地域の代表であるべきだとする意識とのずれについて、もっと議論すべきだろう。そして、議員の資質を挨拶回りや会食への参加回数で測ろうとする実態を問題視すべきではないだろうか。

実証研究では、クオータによって選出された女性たちが男性と比べて同等または優れているとのエビデンスが示されている。クオータ選出の女性議員は、クオータ枠以外から選出された男女の議員と比べて政治経験が豊かであったり、学歴が高かったり、あるいは収入が高かったりすることがイギリス、台湾、フランス、スウェーデンの研究で明らかになっている。女性は男性と比べて自己評価が低く、相当のキャリアを積んでからでないと政治に進出しようと考えない傾向があることを踏まえると、優れた資質を持つ女性は社会の各界に存在するが、そうした女性たちがクオータによって背中を押され政界進出を果たしたことが窺える。

政治家の能力を測るもう一つの指標は議会活動への関わりである。議会での質問、修正動議、議員立法などの回数によって議会での活動実績を測定することができる。イギリスでは労働党が女性専用選挙区を指定し女性議員の割合を引き上げたが、この女性専用選挙区から選出された女性議員と、それ以外の女性議員あるいは男性議員の議会活動を比較したメアリ・ニュジェントとモナ・レナ・クルックの研究によると、女性専用選挙区から選出された女性議員はそれ以外の議員と比べて議会活動が活発であることが確認されている。レインボー・ミュレイによれば、フランスにおいてはパリテ法施行の前後で比較したところ、議員の議会活動に変化はなく、パリテによって女性が増えたことで、議会活動が低下したということは確認されなかった。

日本でも市民団体が国会議員の業績を評価しようとする試みが出てきている。「国会議員白書」や「三ツ星議員」はそうした例である。「三ツ星議員」は、田原総一朗が会長を務める政策NPO「万年野党」が国会議員の国会での発言・質問回数、質問主意書提出件数、議員立法発議者に名を連ねた件数を集計し、優れた議員を三ツ星議員として毎年表彰するものである。表彰されるのはほとんどが野党議員であるが、これは国会がそもそも野党の活動の場となっており、与党議員にとっての実質的な政策議論は党内の部会（非公開）で行われているためである。与野党では議員の立法活動の場が異なるため、国会での活動を単純に比較することができないのである。市民が議員の活動実績により関心を深め、公開の場での質疑に注目するようになれば、与党議員もまたそこでの弁論能力を磨かざるを得なくなるだろう。

いずれにせよ、「下駄をはかせる論」を持ち出すのであれば、議員に求められる能力は何かということを改めて問わなければ意味がない。「私生活をどれだけ犠牲にできるか」ということが政治家に求められる「資質」であるならば、ケア責任を抱えた女性にあえてチャンスを与えることは「下駄」を履かせることに映るのかもしれない。しかし、それが日本の民主主義において議員の最も重要な資質なのだろうか。逆の言い方をすれば、男性化した候補者モデルの下では多くの男性は「ガラスの下駄」を履いている。ケア責任を免責されるという下駄である。クオータは女性たちに下駄を履かせるのではなく、多くの男性たちが「ガラスの下駄」を履いてきたことに気づかせるものなのだ。クオータを導入することによって、ガラスの下駄を履けなかった女性たちにもチャンスを広げるのか、それが問われている。

(2)クオータがなくても女性は増える、しかし女性のなり手がいない　クオータ反対論の論拠として、女性議員は自然に増えるから特別なことをする必要はないというものがある。こうした主張をする人は、女性は政治に関心がない、女性のなり手がいないとも主張し、女性議員の少なさの責任を女性側に転嫁することが多い。「自然増加論」も「なり手不足論」も、現在の候補者擁立過程の問題を不問にする意味で同根である。

女性候補者を増やす責任と可能性を握るのは政党である。しかし、政党関係者は一様に「なり手不足論」を盾に、クオータ実施の難しさを訴える傾向にある。第4章で紹介した自民党の甘利明幹事長の「応募してくださらない限りは選びようがない」という弁明も、女性が手を挙げないことに責任を転嫁している。

なぜ政党は女性を擁立することが難しいと嘆くのだろうか。ここまで読んできた読者にはもはや自明であろう。それは候補者を選定する際に相応しい候補者モデルが「男性化」してしまっているからである。とりわけ小選挙区においては「当選第一主義」となり、必ず勝てる候補を探すためにこれまでの候補者と似たようなプロフィールの人物に目が行くことになる。それは組織票を固め、さらに上積み票を獲得できる人物である。地元の票を固めるには、挨拶回りや集会、祭り・イベントへの出席をこなすことが必須である。集票の要である地方議員や地元の有力者との人脈構築には、会食を重ね、世話を焼き、面倒を見ることも欠かせない。頼りとする組織のトップはほとんど男性で占められている。男性候補者であればホモソーシャルな絆を頼りに支援を開拓することもできるだろうが、女性がそこに分け入り男性と同じようなことをするのには無理が伴う。時折、成功した女性たちが「断らない女」にならないといけないとか、「女を捨てた」と言ったりするのは、まさしく男性化することでしか生き残れない様を表している。

候補者モデルが男性化しているために、擁立する側は「女を捨てた」特殊な女性でもなければ勝ち目がないと考えることになる。立候補する側としても、セクハラをはじめ苦痛なことが想像されるのであれば、躊躇するのは当然であろう。「なり手不足論」は候補者の男性化モデルを前提とする限りはその通りである。だからこそ、クオータを導入し候補者の男性化モデル自体を変革する必要があるのだ。逆に、クオータへの抵抗はこれまでの候補者擁立のやり方を変えたくないという意志の表れでもある。

候補者均等法が施行され、かつ改正候補者均等法下の最初の衆議院選挙が二〇二一年一〇月に実施されたが、候補者および当選者に占める女性割合は前回衆院選と比べてともに下がった。候補者の女性割合を政党ごとにみると、自民党九・八%、立憲民主党一八・三%、公明党七・

五％、共産党三五・四％、日本維新の会一四・六％、国民民主党二九・六％、れいわ二三・八％、社民党六〇％であった。男女同数の候補者擁立を目指す候補者均等法を全会一致で可決させたにもかかわらず、遵守しようとしなかった政党が多かったことが歴然となった。現職優位で公認を出す慣行に阻まれたという弁明もあるが、小選挙区の新人候補においても、自民党は三五人中三人（八・六％）しか女性はおらず、立憲民主党では八五人中一八人（二一・二％）だった。

これらの数字は、今までのやり方を続けている限り女性候補者は増えないことを物語る。政党が候補者擁立のやり方を変えるには、クオータが最も効果的である。

他方、二〇二二年の参議院選挙では候補者・当選者とも史上最多の女性割合となったが、これは自民党、立憲民主党、共産党、国民民主党が数値目標を掲げたことが大きい。自民党は比例代表候補の三割を女性とする目標を掲げ、結果的には当選者の二割を女性が占めた。立憲民主党と共産党は五割、国民民主党は三五％の目標値を達成した。数値目標を掲げると、それを達成すべく新しい候補者プールを開拓する必要性に迫られる。参院選の結果は数値目標の有効性を示すものである。

(3)クオータで選ばれた女性への疑問　クオータ反対論として、クオータによって登用された女性たちが「女性」という狭い利益だけを代表することになる、したがって民主主義の質を劣化させるという議論もある。逆に、クオータで登用された女性は、登用してくれた党首や政党幹部への依存を強め、「女性」の利益を代表しない、飾りのような存在に過ぎないという批判もある。日本ではむしろ後者の議論が強いだろう。

サラ・チャイルズとモナ・レナ・クルックの実証研究では、イギリスの女性専用選挙区で選出された女性議員はどちらかというと女性を代表することに消極的で、政党の看板を背負った立法活動に従事する傾向があることがわかっている。ところが、当選回数を重ねるとそうした女性たちも女性の利益を代表するようになるという。

クオータで選出された女性とそうではない女性の間で立法活動に違いが見られたわけだが、これは小選挙区と比例代表選出の議員では行動原理が異なることにも通じる。どのような選ばれ方をしたのかということは、どの声をより強く聞くのかということに影響を与えるからである。議員には国民各層の様々な声が届けられる。それらのどれを強く意識するかは、票に繋がるのかという観点とともに、党内での力学や自分自身の信念や関心などに影響されつつ議員が選び取っていくことになる。ここにクオータが導入されると、女性であるがゆえに当選できる可能性が高まったという状況認識が生まれ、だからこそ女性を代表しなければならないという使命感と、逆に女性だけの代表と思われないようにしなければならないという相反する圧力に晒される。どちらの代表性を強く意識するようになるかは、選挙での強さ、政治家としてのキャリア、女性団体との繋がり、女性関連争点への関心の強さなどの要因の影響も受けることになり、イギリスでの研究が示すように、クオータで選出された女性たちがどのような層や利益を代表するのかは一概にはいえない。

また、クオータへの批判として、選出される女性たちに偏りがあるとか、海外では白人女性が選ばれて有色人種の女性は選ばれないといった懸念が表明されることもある。実際には、女性のあいだの多様性も促進され、有色人種や性的マイノリティの女性も選出されるようになっている。むしろ男性議員にこそ多様性が欠けていることが問題視されるようにもなっている。マイノリティ性を帯びた側(女性)に人種やセクシュアリティなどの複数のマイノリティ性を同時に代表させ、マジョリティの男性は変わらないというのでは、議会の多様性に向けて道半ばである。クオータの導入をきっかけに、有権者が議員の多様性をより求めるようになれば、政党としても多様性を意識した候補者擁立を男女ともに目指すことになるだろう。

クオータであれなんであれ、一つの制度改正で全ての問題が解決することはない。クオータを導入しても◯◯の問題は解決しない、という反論が出ることもある。これは典型的な「そっちはどうなんだ主義(whataboutism、ホワットアバウティズム)」による論点のすり替えである。やらない理由を探すのではなく、クオータをきっかけとして日本の民主主義をよりよくするための様々な制度や慣行の改善を求めていく方が建設的である。

クオータか環境整備か

クオータへの反論として、クオータよりも環境整備を進めるべきだというのもよく聞く。クオータと環境整備は相反する政策ではない。クオータの導入は、必要な環境整備を加速させるものであり、環境整備や慣行の変革が伴わないとせっかくクオータを導入しても持続的な効果が出ない。クオータを導入せずとも、環境や慣行が変わるのであればいいが、これまでの歴史が示すのは、既得権益を持っている側にはあえて変革する動機がないということだ。だからクオータが必要なのである。

クオータや数値目標を設けて、やや無理矢理に女性を管理職に登用することへの懐疑は女性のなかでも少なくない。河野銀子編著の『女性校長はなぜ増えないのか』は、女性の高校校長を増やすためには、管理職養成システムを改革しなければならないことを説得的に論証する。管理職に男性並みの労働が求められる限り、女性内にアチラとコチラの分断が生まれ、無用な対立が増幅するという。登用された女性管理職は「名誉欲を満たすために校長をめざし、校長になるのに効果的な要素だけ傾注してキャリアを形成した」(二一四頁)ように映る。河野は女性枠を設けてもこうした女性が「女性活躍」のシンボルとして高く評価されると、多数のコチラ側の女性との分断が深まる可能性があることを懸念する。

実際、長野県教育委員会が二〇二二年に教職員を対象に実施したアンケートで、管理職を目指したいとした女性は五・七%(信濃毎日新聞二〇二二年三月一四日)、南日本新聞社が鹿児島県内の教職員に実施したアンケートでは一・五%であり、絶対なりたくないと答えた女性は五割を超えた(南日本新聞二〇二二年三月九日)。鹿児島では管理職希望者は男性でも一〇・七%と少ないが、男女でほぼ七倍の開きがある。管理職に魅力、やりがいが見出され、そして正当な評価システムが構築される必要性が急務であることを、これらの数値が示しているように思われる。

同様の現象は政治でも企業でも起き得る。男性政治に適合的な女性政治家をクオータで増やしたところで、それにフィットする女性は少ないため持続的ではない。加えて、そのようなアチラ側の女性が増えたとしても、有権者の支持は広がらないだろう。だからクオータを入れても仕方がないと結論づけるのではなく、考えるべきは、どのような政治家を私たちは求めているのかについて議論を深めることである。

もう一度繰り返すと、クオータはこれまでの候補者擁立のやり方を変えるために導入するものである。やり方が変われば、これまでとは異なるタイプの候補者が男女とともに選出されるようになるだろう。つまり、男性政治を打ち破る手段としてクオータを用いるべきなのだ。

なぜ数にこだわるのか?

クオータによる選出の有無とは別に、そもそも女性は「女性」を代表するのか、という問題がある。女性の利益も多様ななか、どの女性がどの女性を代表するのかの研究には蓄積がある。詳しくは第7章で見ていくが、ここでは一点だけ、数の重要性に触れたい。女性たちがどのような主張をするか以前に、一定程度の女性が存在しなければ女性たちは十分な声を上げることができないという点である。

組織内の男女比に注目した古典的著作を著したロザベス・モス・カンターは、女性が一五％以下の場合は飾り（トークン）のように扱われ、その存在がいわば悪目立ちし、男性以上に厳しく言動が査定されると指摘する。女性であることが常に強調される一方で、男性文化への同調が求められるという。女性の数があまりに少ないと、女性もまた多様であるにもかかわらず、過度に一般化された男女の相違（つまりはステレオタイプ）が強調され、能力を発揮することも妨げられてしまうのである。

組織内の男女比が生み出す力学に注目した議論としては、クリティカル・マス論もある。変化が起きる臨界点であるクリティカル・マスに満たないと、女性の利益を代弁しても聞き届けてもらえなかったり、逆に女性の問題を取り上げることが自分のマイノリティ性を強調することになるため躊躇したりするという心理が働く。クリティカル・マスを超えれば、自分だけがいつも女性の問題を取り上げる状況は改善し、専門を活かした幅広い活躍ができ、さらには重要な問題で女性たちが連携することで政策を動かすこともできるようになる。四分の一から三割というのがおよその相場感となっている。

クオータを有効に用いるためには、最低でも女性割合が三割を超えるように設定する必要があるのは、こうした理由による。現在の衆議院は、女性議員割合がカンターがいうところの一五％にも達せず、特に自民党においては八％にも満たない。このような状況下と女性議員が四〇―六〇％存在する状況下では女性の振る舞いも変わってくるだろう。日本の女性議員が四〇％を超えた時に、現在の女性議員と同じように振る舞うと想定すること自体が間違っているといえよう。

誰がクオータを支持するのか

たとえクオータを導入すれば女性議員を増やすことができるとしても、日本において支持は見込めるだろうか。筆者はケネス・盛・マッケルウェインと金子智樹とともに、政治や経済でのクオータ導入についての世論の動向を探るために二〇二〇―二一年に二度のモニター調査を実施した（科研費18H00817）。その結果からは多くの興味深い傾向が見出された。

「政治分野における男女共同参画を実現するために、法律でクオータ（割当制）を導入すべきという意見に賛成ですか、それとも反対ですか」という質問に対しては、男性の五七・一％、女性の七五・八％が賛成寄りの意見を表明した。半数以上がクオータに賛成するという高い傾向が見出されており、性差が大きい点も特徴的である。

政党支持別に見ると図表1のように、公明党支持層で賛成の割合が最も高く、リベラル系政党（立憲民主党、国民民主党、社会民主党、日本共産党）、無党派、自民党、日本維新の会支持層の順となる。それぞれの支持層のなかでも公明党を除いて性差は大きい。自民党や維新の支持層でも女性は賛成傾向が強いことがわかる。

さらに、進歩的傾向や敵意的性差別態度との関連を探ったのが図表2である。進歩的傾向とは、七つの政策群に対しての賛成傾向によって測定したもので、その政策群とは、男性の育児休暇の義務化、同性婚、選択的夫婦別姓、セクハラ禁止法、女性天皇、二重国籍、難民受け入れ拡大である。これらの政策は概ね多様性やジェンダー平等に関するものであり、賛成する傾向が強いほど進歩的傾向も強いことになる。図表2から、進歩的傾向にある人は、男女ともクオータに賛成する傾向が大きいことがわかる。

性差別意識について、クオータ賛同との関連が強く見られたのが敵意的性差別態度であった（第5章参照）。これらは三つの質問で測定した。すなわち、「大学での教育は女の子より男の子にとって重要だ」「雇用機会が限られる場合、女性より男性の方に優先的に仕事を与えるべきだ」「一般的に、男性の方が女性より政治の指導者として適している」の三つである。これらは雇用や政治などの公的領域は男性のものであるという意識を反映するもので、女性進出を歓

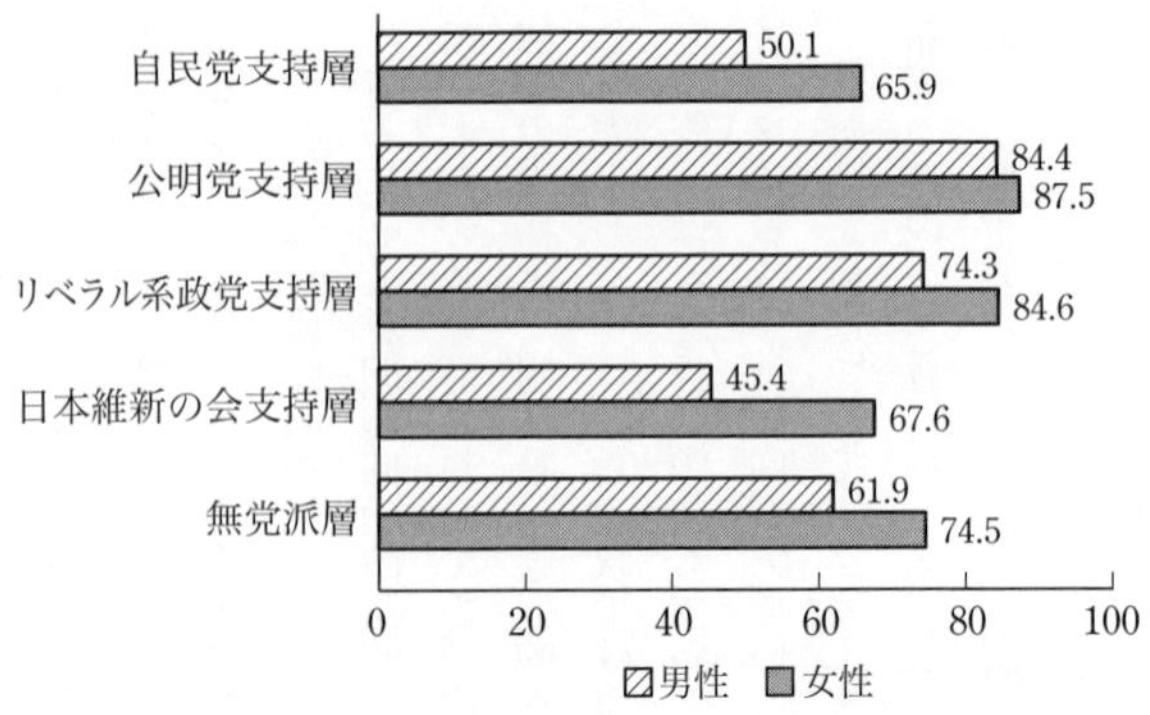

図表1　クオータ制導入の賛成割合(支持政党別)

出典：筆者作成.

迎しない心理といえる。実際に、敵意的性差別態度が強い人ほど、クオータを支持しない傾向が見出せた。

なお、好意的性差別態度については実はクオータ支持との相関が高いという研究結果がある。女性には特有の徳性があると考えるパターナリスティックな人は、クオータでもなければ女性は政治家になれないとか、女性特有の性質を政治に活かすために特別待遇は必要だといった、いわば上から目線でクオータを支持することがあるからだ。女性が立候補しにくい構図があるからクオータを導入した方がいいという意見とは異なるロジックを用いてクオータに賛成するのである。我々の調査でも、好意的性差別態度を測定する質問のうち、「弱い立場の人々に対する思いやりは、男性より女性の方が優れている」という質問事項についてはクオータ支持との相関関

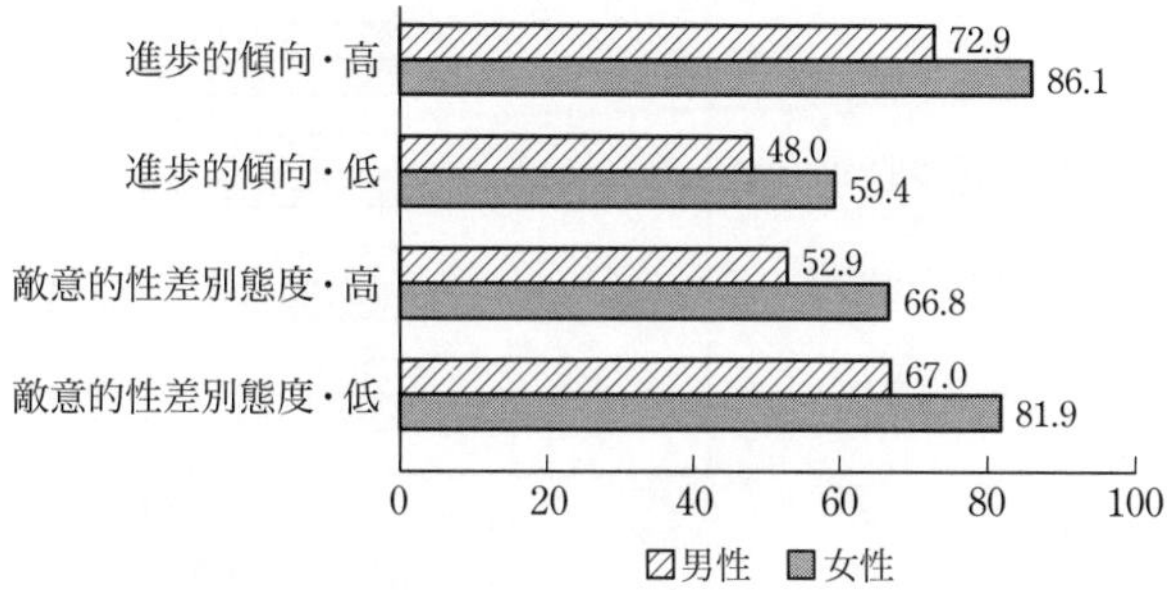

図表2　クオータ制導入の賛成割合（社会・文化的価値観）

出典：三浦，マックルウェイン，金子(2021).

係を見出すことができた。

また、女性議員が少ない原因を何に求めるのかということとクオータへの支持にも相関関係があった。つまり、女性側に責任があると考え、「政治に関心のある女性が少ないから」とか「政治家という職業に魅力を感じる女性が少ないから」と思う人ほどクオータには賛成しない。逆に、「政党が本気で女性を発掘しようとしない」と考える人ほどクオータに賛同している。また、「クオータが強制されるようになると、能力のない女性候補者が増える」と考える人ほどクオータには反対している。実際のところは、クオータを導入した国でこのような変化は起きていない。このような学問知を社会で共有することで、クオータへの理解が広がっていくと考えられる。

我々はさらに実験を行い、モニター対象者を二つに分け、一方には「クオータ制にはさまざまな種類がありますが、一三〇カ国近くで何らかのクオータ制が導入され

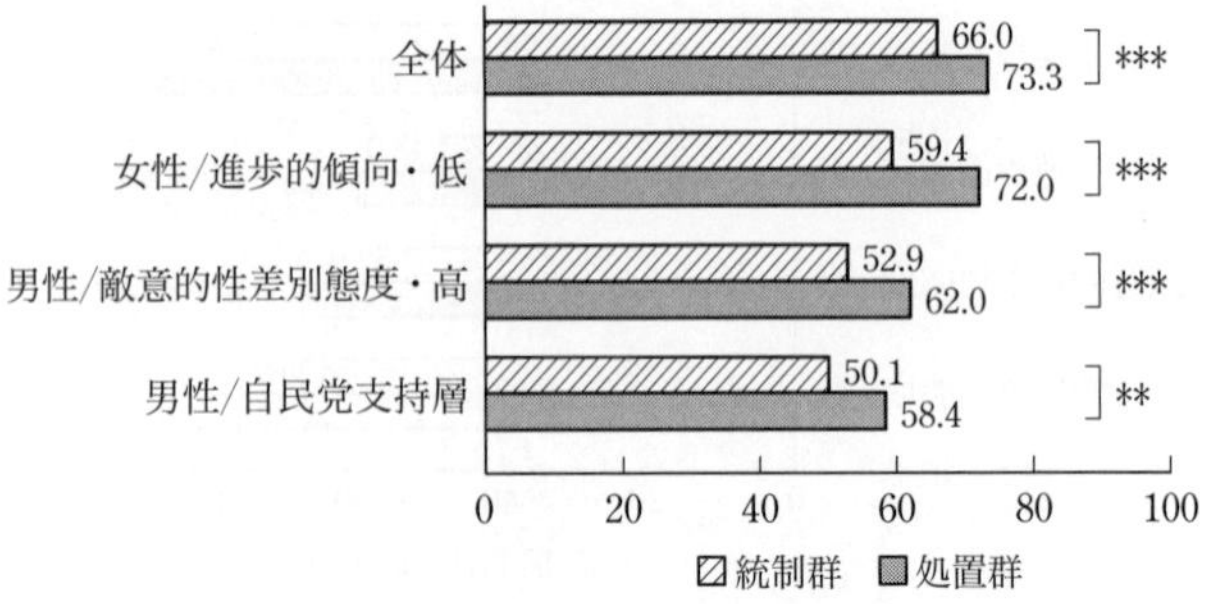

図表3　クオータ制導入の賛成割合（実験結果）

出典：三浦，マックルウェイン，金子（2021）．
注1：処置群＝世界の多くの国では何らかのクオータ制が導入されているという情報を与えたグループ，統制群＝そうでないグループ．
注2：**＝ p＜0.01　***＝ p＜0.001（いずれも統計的に有意であることを示す）．

ています」という情報を与えた。この情報を与えなかったグループと比較して、どの程度クオータへの賛成が増えたのかを表したのが図表3である。基本的にどの属性においても、情報の効果は極めて高かった。つまり、世界で多くの国がクオータを実施しているとの情報に接すると、日本も導入すべきであるという意見が増えるのである。

さらに詳しく分析した結果、情報の効果はクオータに反対する傾向にある属性ほど大きいこともわかった。つまり進歩傾向の低い（保守的傾向の強い）女性、敵意的性差別態度の強い男性、そして男性の自民党支持者に大きな効果を与え、支持を増やす効果を持った。

このことは、クオータに関する正確な知識が広く共有されれば、世論は一層クオータに賛成することを示している。もともと賛成傾向にある人にはそれ以上増える伸び代《しろ》が少ないために、一種の天井効果が表れたといえる。むしろ、反対傾向にある人に対して、正確な情報の伝播は大きな意味を持っているのだ。

ここで重要な点は、クオータが「手段」である点だろう。女性議員をもっと増やすべきかどうかという原理的な話ではなく、クオータの是非は女性議員を増やすためのプラクティカルな手段に関するものである。だからこそ一三〇カ国近くで導入されていると知れば、その効果が理解でき、クオータへの抵抗感はずっと低くなることがわかる。

また、「クオータが強制されるようになると、能力のない女性候補者が増える」という質問に対して、クオータ導入国の情報を与えたグループの方が、そうでないグループよりもクオータ導入への賛成が増える傾向も見出された。一三〇カ国近くでクオータが実施されているのであれば、能力のない女性候補者が増えるという懸念は当たらないのだと認識を改めた可能性がある。

クオータについて日本での議論は始まったばかりである。候補者均等法下での初の衆院選で女性議員がかえって減ってしまったことが、クオータの必要性を一層浮かび上がらせたといえる。女性議員が少ない構造的理由やクオータの効果に関する正確な理解が広がることで、クオータへの支持も増えていくだろう。

候補者均等法の意義と課題

日本では本格的なクオータはまだ導入されていないが、その一歩手前の数値目標を盛り込んだ候補者均等法が二〇一八年に成立し、二〇二一年に改正された。これは市民立法ともいえるものであり、クオータ制を推進する会(Qの会)の運動に押されて「政治分野における女性の参画と活躍を推進する議員連盟」(中川正春会長、野田聖子幹事長〔総務大臣就任後は土屋品子〕、行田邦子事務局長〔後任は矢田わか子〕)が結成され、議員立法として成立させた。筆者は議連のアドバイザーとして法律の制定に深く携わってきた。

候補者均等法の最大のポイントは、第二条(基本原則)に掲げられた「男女の候補者の数の均等」にある。政党は候補者を擁立する際には男女の数がなるべく「均等」となることを目指すよう求められている。この法律を候補者(男女)均等法と呼ぶことができる根拠はここにある。理念法として法律に「男女の数の均等」が書き込まれたことの意義は決して小さくない。なお、「男女の数の均等」とは「男女同数」と法的に同義であることが国会審議で確認されている。

なぜ男女同数の候補者擁立が法規範として掲げられたのかといえば、目指す先には男性と女性が対等に政治に参画する「男女共同参画の民主政治」があるからである。女性が男性と対等に、そして完全に政治に参画するということは、議員構成においても男女が同数となることを意味する。

つまりは理念として「パリテ」の基本原則が盛り込まれたのが候補者均等法の重要な点である。パリテとはフランス語で男女均等・同数を意味し、フランスは二〇〇〇年にパリテ法を制定し、男女同数の候補者擁立を義務づけた。こんにちでは、意思決定への男女の対等な参画が民主主義の原則であると理解され、ラテン・アメリカや南欧でパリテ法の制定が広がりつつある。

なぜ議連が日本版パリテ法を成立させたかというと、当初は公職選挙法を改正してクオータを導入することを目指していたところ、まずは全党で一致できる理念法を策定することになったからである。私自身は、理念法であるならば、「女性枠」といった、当時でも時代遅れの概念を規定するのではなく、男女双方に対して数の均等を求めるパリテの発想を盛り込むべきだと提言し、議連の考えとして一致を見た。筆者が候補者均等法を「日本版パリテ法」と呼ぶのは、このような経緯があるからである。

候補者均等法は理念法であるため、努力義務を課す、つまりは強制力のない法律として出発した。この法律を実施する主体は、政党、国、地方公共団体である。それぞれ努力義務として、必要な施策の策定・実施が求められていたが、二〇二一年の改正によって国および地方公共団体については全て責務に引き上げられた。さらに、第二条に「衆議院、参議院及び地方公共団体の議会並びに内閣府、総務省その他の関係行政機関等」が実施主体として明記された。旧法では地方公共団体とだけ言及されており、それには地方議会も読み込まれるとされてきたが、実際に自分たちも候補者均等法の実施主体であると認識していた地方議会は少なかったと思われる。改正法によって名宛人とされたこと、そして努力義務から責務へと改められたことにより、女性の政治参画を推進するための地方議会の役割は格段と大きくなったのである。

実施主体である政党、国、地方公共団体のそれぞれが行うべき内容をまとめたものが図表4である。このうち政党は努力義務として、地方議会および国は責務として課されている。

政党がすべきこと①——数値目標

まず政党であるが、旧法において男女の候補者に関する数値目標を掲げることが盛り込まれた。数値目標とは事実上のクオータであるが、党則で規定するまでには至らず、時期を設けて目指すといった緩やかな方法も含む言葉として置かれた。つまりは、男女均等(パリテ)の「基本原則」の下に政党はそれを実現する「手段」として数値目標/クオータの実施を求められているのである。条文には「男女のそれぞれの公職の候補者の数について目標を定める」と書かれており、女性比率を三〇%以上にするといった女性枠ではなく、男女の双方に対して比率を定めることとされている。基本原則が男女の数の均等である以上、比率が三〇%では原則に則っているとはいえないだろう。男女ともに四〇%を下回らず、また六〇%を上回らないという

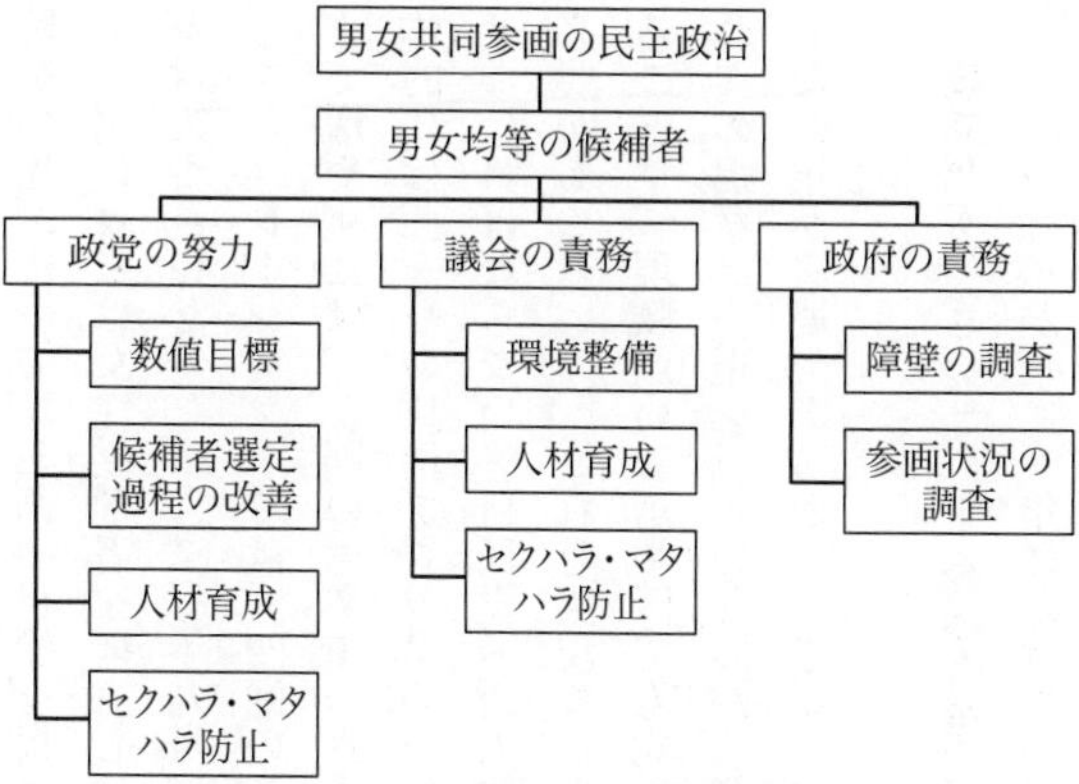

図表4　候補者均等法の構図

出典：筆者作成.

規定が望ましい。

候補者均等法の成立を受けて真っ先に数値目標を掲げたのが国民民主党であった。玉木雄一郎代表によれば、法律が成立したのだから目標を掲げることを決定したという（玉木雄一郎へのインタビュー（二〇二〇年二月一八日））。目標は「現実的」な三〇％という数値である。立憲民主党は二〇一九年に参院選では四〇％の目標を掲げ、二〇二一年になって漸く二〇三〇年までに候補者、議員、党職員の女性割合を三〇％にすることを目指すとした。共産党は二〇三〇年までに五〇％にするという目標を決定した。社民党は一九九六年の結党時から党則にクオータを盛り込んでいるが、数値を掲げてきたわけではない。

自民党は数値目標の義務化には慎重な姿勢を

崩していないが、党内では女性議員を中心にそれを求める声が上がっている。二〇二二年の参院選の比例代表では三割の目標を掲げるなど、世論への配慮が見られる。

比例代表では女性候補者を擁立しやすいが、小選挙区になると話は別である。下村博文が選挙対策委員長だった二〇二〇年九月に取りまとめた「衆議院の女性議員数三割を達成するためのシミュレーション」では、四回の選挙で当時二一人の自民党女性議員を三割である八五人にまで増やすには、一回の選挙で一六人ずつ当選させる必要があるなどの試算を行っている。具体的には、一一の比例ブロックの一位に女性を擁立し、さらに五人を小選挙区で新たに当選させなければならない。自民党の新人候補者の当選確率はおおよそ五割なので、一〇人擁立する必要があるという。これを実現するには、選挙区に定年を設け、空白区に優先的に女性を立てることや、現職がいる選挙区でも党員予備選挙を導入するなどの工夫を要するとしている。これらの提案は実現を見ていないが、詳細なシミュレーションが出たことにより、どれだけ抜本的な改革が必要であるかが浮き彫りになった。

政党がすべきこと②——候補者選定過程の改善・人材育成・ハラスメント防止

二〇一九年から二一年にかけての候補者均等法の改正過程における論点のひとつは、数値目標の義務化であった。数値は各党が自由に決めるにせよ、掲げることだけは義務化しようということで議連は一致し、各党に持ち帰って合意形成が試みられた。しかしながら、自民党や日本維新の会、公明党の賛同が得られず、見送られる結果となった。

この点は積み残し課題となったが、政党の努力義務として候補者選定方法の改善、人材育成、セクハラおよびマタハラ防止が入ったことは大いに評価できる。「秘密の花園」である候補者選定過程を改善するよう規定する法律ができたことの意味は小さくない。ここに問題の焦点があることが明記されたからである。今後はメディアや市民社会が候補者選定過程において女性が排除されるような実態はないのかを監視するとともに、女性候補者が少ない政党に対して、どのように候補者選定を行っているのか説明責任を課すことで、実効性を高める必要がある。

具体的な施策としては、候補者を選出する委員会に女性を一定数入れるとか、新人を擁立する選挙区では公募を実施し、一定数（少なくとも半数であろう）は女性にするなどが考えられる。例えば、立憲民主党は選挙対策委員会にジェンダー平等推進本部の本部長代行を加えている。地方組織においても幹部に女性を入れていくことが重要である。

人材育成には女性向けの政治スクールを開設したり、女性局／ジェンダー平等推進本部が積極的に候補者を発掘したりすることが含まれる。自民党は女性未来塾を開設し、大阪府連の女性議員は政治塾「女政のチカラ」を運営している。立憲民主党は女性だけの公募や女性新人候補者支援メニューを充実させ、研修やケアラー支援、資金援助を行っている。

セクハラおよびマタハラ防止は議員・党職員・秘書に対して研修を実施し、相談窓口を設け、解決に向けた手続きを整備することを意味する。

立憲民主党は第三者委員会としてハラスメント防止対策委員会を設置し、ハラスメント防止対策ハンドブックを作成、また「女性候補者に対するオンラインハラスメントへの対策マニュアル」も希望者に配布している。ハラスメントの被害者が相談窓口に通報すると、まずはハラスメント防止対策委員会が調査を開始し、状況に応じて被害者と行為者のあいだで調整や調停を図る。それで解決しない場合には、処置が決定され、ハラスメント防止対策委員会の報告に基づき党として処分の判断を行うことになる。都道府県の幹事長／執行機関が執行上の処置を行うか、倫理委員会に諮問し処分を決定する。相談できるのは議員だけでなく、秘書、候補者、党職員、インターン、ボランティア、党員、サポーターなども含む。企業などで行われるハラスメント対策と同水準の内容となっている。

政党の一層の取り組みに期待したいところであるが、地方議員は国政政党に所属していない場合も多い。濱田真里が立ち上げたStand by Womenはハラスメント被害について安心して話せる場を提供するなどの、女性による女性候補者・議員のサポート活動を展開している。このような民間の支援活動は法律の枠外に置かれているが、極めて重要な取り組みである。

国の責務

国の責務としては、女性が政治参画する際の障壁の有無や取り組み状況について調査し、情報を収集・提供することが定められている。具体的には、総務省は候補者・当選者について男女別の統計を公表し、また地方議会における男女共同参画の推進状況について調査し、公表することが求められている。実際に総務省のホームページにおいて「地方議会」に関する情報は充実してきており、女性模擬議会の開催事例や標準会議規則の改正、議員の通称(旧姓)使用に関する三議長会(全国都道府県議会議長会・全国市議会議長会・全国町村議会議長会)の通知などの情報がまとまって入手できる。

内閣府男女共同参画局もかねてより積極的に「見える化」を推進しており、ホームページ上で「女性の政治参画マップ」を毎年公表している。また「市区町村女性参画状況見える化マップ」は地域を選択すると、議会だけではなく、首長、審議会、公務員、自治会、防災会議、計画についての情報が地図上に表示され、近隣自治体と瞬時に比較ができる優れたツールとなっている。地方議会については、女性議員割合、出産・育児に関する欠席規定の有無、さらには子育て支援のための施設の整備状況、ハラスメント防止に関する取り組み状況も掲載されている。

また、障壁に関する調査が法律に明記されている点も重要である。これは旧法が成立した際の参議院付帯決議に盛り込まれた点であるが、改正法では男女共同参画の推進にあたって障壁となるような社会における制度、慣行、観念そのほか一切のものを「社会的障壁」と定義し、それを調査することを、国には責務として、地方公共団体には努力義務として求めている。

女性候補者が少ない要因は様々あるが、それを女性の政治への関心の低さや意欲の欠如などの女性側の問題として捉えている限り、有効な対策は生み出されないだろう。たとえ女性が政治を忌避する傾向があったとしても、そのような態度を生み出した社会構造に目を向ける必要がある。社会的障壁の調査は、社会が女性に対して設けている壁を浮き彫りにし、それを取り除くための道筋を明らかにするものである。二〇二〇年度に内閣府が公表した『女性の政治参画への障壁等に関する調査研究報告書』は選挙に立候補したり、議会活動を行ったりする際に、男女でどのように社会的障壁が異なるかを調査した貴重な調査報告である(第3―5章参照)。ここでの知見を踏まえた対策が必要となってくる。

内閣府男女共同参画局は、二〇二一年三月には障壁のひとつであるハラスメントに焦点を当て、ハラスメント防止研修の動画を作成し、YouTubeで公開した。筆者も検討会に参加したが、実例に基づくシナリオと迫真の演技で優れた研修素材となっている。地方議会での活用も進んでいるところである。

地方議会の責務①――ハラスメント対策

次に地方議会の責務について見ていこう。ここではハラスメント対策、環境整備、人材育成の三つが柱である。

ハラスメント対策は改正法によって初めて登場した条項であり、法改正の目玉といっていいだろう。議会は責務として、政党は努力義務として対策を講じるという二段構えとなっている。

候補者均等法では、地方議会に対してハラスメント防止のための研修の実施と相談体制の整備を求めている。内閣府の研修動画もこの文脈で活用されている。

法律が言及するのは「性的な言動、妊娠又は出産に関する言動等」であるが、第5章で見たように、ハラスメントはこれらにとどまらず広く発生している。また被害者には候補者・議員だけではなく、行政職員、秘書、選挙運動員、インターン、記者などが含まれ、行為者には首長、議員、行政職員、秘書、ベテラン運動員そして有権者も含まれる。近年ではネット上での誹謗中傷やデマの拡散も深刻である。防止のための研修は議員が主な対象になるであろうが、相談窓口には様々な案件が持ち込まれることが想定される。

今後は各議会がハラスメント対策の規定を策定していくだろう。内閣府調査では、ハラスメント防止のための倫理規定が備わっていないと答えた回答者は約六割、備わっているが十分ではないとの回答は約二割である。他方、相談窓口が備わっており十分であると回答したのは五・一%であった。早急に整備を進める必要がある。

地方自治研究機構の調べによると、二〇二二年七月時点でハラスメント防止に関する単独条例を持つ地方議会は一六にのぼる。ほとんどが議員から職員へのハラスメントを想定しての条例であるが、首長を行為者に含めるものは四団体、議員被害者を含めるものは五団体である。都道府県では二〇二二年七月に制定した福岡県が初であり、これは有権者からのハラスメントも対象に含む点で画期的である。相談から解決までのフローを明確にし、安心して相談できる体制を構築することが課題である。

地方議会において第三者性を確保した相談機関が設置され、調整や調停の仕組みが整えられることは問題解決に向けた前進となるが、処分事案となった場合にそれを行いうる権限を持つ主体がいないという課題は残される。議員は行政や企業、大学と異なり、雇用主がおらず、議員の身分を剝奪できるのは有権者だけである。調査委員会から受けた報告に則り、議会として懲罰を下すというのがひとつの考え方であろう。地方自治法が規定する懲罰は議会における言動を対象とするため、議会外の私的な場で行った言動については問責決議や議員辞職勧告といった方策が取られると思われる。今後は候補者均等法の改正を受けて、どのような処分措置を規定するのかという課題も残されている。

なお、地方議会において問責決議や議員辞職勧告などの懲罰的対応がしばしば発動され、少数派議員を排除する事態になっている。第5章でも触れたが、これはハラスメントというよりも、多数派による少数派へのいじめの構図を取っている。少数派議員がハラスメントを行ったとして多数派が問責決議を出すこともある。問題なのは、事実認定の手続きが定まっておらず、本人には弁明の機会さえ与えられないことがある点だ。政治という権力闘争の延長戦として引き起こされるいじめやハラスメントを、関係者のあいだで処分させる仕組みは、多数派に対してさらなる武器を与えるようなものでもある。政治倫理条例やハラスメント防止条例の策定が少数派排除の口実とならないように、第三者性と専門性を確保する制度設計が必要である。

そして、権力闘争に接続しやすいという特質を有する政治分野のハラスメントに対しては、調査・処分の仕組みを制度化する以前に、まずは相談体制を充実させ、被害者支援や調整・調停の機能を実装することが有益であると思われる。

地方議会の責務②――環境整備と人材育成

二つ目の柱である環境整備には、選挙や議会活動と家事・育児・介護が両立できるよう、欠席事由にそれらを明記する、議会開催時期・時間は学事日程等を考慮し工夫する、宿泊を伴う視察に子どもの同伴を認める、授乳室・託児スペースを設ける、保育園の利用ができるよう就労証明を発行する、通称での政治活動を可能にする、オンライン議会を可能にするなどが含まれる。

二〇二一年になって都道府県、市、町村の標準会議規則が相次いで改められ、産前六週・産後八週の産休が規定された。地方議会は議長会が定める標準会議規則を参照してそれぞれの会議規則を策定するため、標準会議規則が変更された意義は大きい。出産議員ネットワークや子育て議員連盟の働きかけの成果である。内閣府の調査によると、二〇二一年一一月時点で、育児および介護を欠席事由として明文化している都道府県議会は約八割、市区町村議会で出産を明文規定しているのは約九割、育児、介護、本人の疾病、配偶者出産、家族の看護も含める議会は約六割となっている。産前産後期間について具体的に規定しているのは都道府県議会の約七五％、市区町村議会の約七三％である。相当早いスピードで明文規定が広がっているが、さらに進んで一〇〇％になることが必要である。

三つ目の柱として、地方議会には人材育成の役割も期待されている。多くの地域で女性模擬議会が開催されることが望ましい。参加者のなかから立候補する人が現れることが期待できるからだ。同時に、行政の側でも審議会の女性割合を引き上げることが有効である。市民が行政に参加する機会を得ることで、そこから政治への関心が深まるからである。例えば、兵庫県小野市議会では、女性模擬議会と「おのウィメンズ・チャレンジ塾」の取り組みによって、女性割合は四割を超える。

また、議会の広報も兼ねて、議会の仕組み、条例立案の方法、一般質問などを積極的に発信することも有効である。議会が学校に出張し、男女同数の議員と生徒が討議する場を設けることも、学校における主権者教育の一環として行ったらどうだろうか。筆者が申《シン》きよんお茶の水女子大学教授とともに共同代表を務める一般社団法人パリテ・アカデミーでは、若手女性の立候補を促すために女性の地方議員を登壇者とするシンポジウムをたびたび開催し、等身大の女性議員が地域に貢献する姿を見て、立候補を決意する女性たちが多いことを実感している。男女共同参画センター等と協働して、出会いの場を設けることは必要かつ有効な取り組みである。

積み残された課題①――数値目標の義務化

最後に、積み残された課題を整理したい。

候補者均等法については、数値目標の義務化という課題が残されている。現行法からさらに一歩進んでクオータを法制化し、衆参の比例代表に四〇―六〇％のクオータを導入することが望ましい。法的クオータの違憲性については、憲法一四条（法の下の平等）に抵触するという理解もあるが、総合的な判断としてポジティブ・アクションは妥当であるという見解もある。また憲法は立候補の権利を保障しているわけではなく、立候補と投票の権利の強さは必ずしも同じでなくてもよいとする見解もある。したがって、クオータを比例代表のみに導入することや、政党交付金を用いたインセンティブ付与は合憲であるとの解釈は十分にあり得る。

誤解があるようだが、クオータは常に強い強制力を持つわけではない。世界のクオータ制を俯瞰すれば、強制力には大きな幅がある。罰則規定を置かないクオータもあるのである。だからこそ、クオータを導入しても、即女性議員割合が改善するわけではない。

例えばメキシコのように、クオータ制が求める数値に満たない比例名簿を選挙管理委員会が受理しない場合は、効力は高いが違憲の可能性が高くなる。比例名簿は受理するが、基準に満たない場合は政党交付金を減額する措置を組み合わせるフランスのような方法を取り入れることが、合憲の範囲内で実施でき、かつ効力が期待できる手法といえるだろう。

衆議院の比例代表では重複立候補・同一順位登載がネックとなり、男女／女男交互の名簿登載が難しい。重複立候補制度を廃止すれば男女／女男交互の名簿が可能になる。しかし重複立候補制度をなくし、候補者の順位づけを政党が行うことは党内調整をさらに複雑化し、権力闘争へと発展する火種となるため、政党がこの制度を廃止することは考えにくい。ならば、予備選挙などのオープンで民主的な選定方法を導入するのも一案だが、党員が少ない日本の現状では、組織票を持った候補者が優位となり、かえって女性が選出されにくくなる恐れもあるだろう。

したがって、重複立候補制度を維持するのであれば、重複候補者に限り男女をグループに分け、それぞれのグループ内で惜敗率を用いて順位を決めることが現実的だろう。つまり、公職選挙法を改正し、同一順位からは一人しか当選しないように改め、加えて同一候補者が異なる順位に繰り返し登載されることを妨げない方式に変えれば(単数当選・重複記載)、交互登載が可能になる。つまり、政党は男性重複候補者と女性重複候補者をグループに分け、両グループを交互に登載する。それぞれの性別のなかで惜敗率の高い順から当選者が確定していくことになる。女性候補者数の方が少ない現状では、男性重複候補者に見合うだけの女性比例単独候補を擁立する必要が出てくる。このようにして比例名簿で男女同数の候補者を擁立すれば、衆議院の女性議員割合は一気に二〇％を超え、小選挙区次第で三〇％に迫る水準が達成できる。逆にいえば、これぐらいの制度改革をしなければ世界平均に追いつけないのである。

参議院の比例代表は非拘束名簿を用いているので、ここに男女同数名簿を義務づけてはどうか。また特定枠という制度があり、ここに登載された候補者は優先して当選が確定する。特定枠を使う場合には女性を半数以上とするという規定化も考えられる。

政党交付金とクオータ制の組み合わせについては前述した通りだが、政党交付金についてはほかの制度も考えられる。韓国やメキシコのように政党交付金の一定割合を女性基金とし、女性候補者養成に使うことも有効である。男女均等になるまでの時限措置として考えたらどうだろうか。政党交付金の原資は税金であることを踏まえると、政党が多様性のある候補者選定を実現するためにその使途の一部を限定することは、民主主義の観点からも是認されるであろう。大山礼子が言うように、政党が助成金に頼るようになった結果、市民との紐帯が薄れる可能性があり、民主主義のコストとして政党の育成に役立てるはずの政党交付金がかえって政党の発展を阻害している面がある。候補者の多様化のために助成金を使うことは、制度の本旨にも沿うものだろう。

積み残された課題②——地方議会

クオータは基本的に政党に対して候補者の男女比率の設定を求めるものなので、必ずしも国政政党の枠組みがそのまま当てはまるわけではない地方議会には導入できない。都道府県議会において無所属の議員は二三・〇%、市区町村議会(政令指定都市を含む)では六九・八%を占める(総務省「地方公共団体の議会の議員及び長の所属党派別人員調等(二〇二一年一二月三一日現在)」)。

都道府県議会で女性を増やすには、一人区の弊害を取り除く必要がある。一九四七年には全体の一八・四%(一五四区)でしかなかった一人区は、二〇一三年には四〇・四%(四六〇区)にまで増えている。第1章で述べたように、一人区のわずか四%でしか女性が選出されていない。一人区の多さは女性議員の増加を阻むだけではなく、一人区に強い自民党(大阪府では大阪維新の会)が有利になるという意味でも不公平な制度となっている(この点は参議院の一人区でも同じ問題を孕む)。

都道府県が持つ大きな権限を考えれば、都道府県議会に女性が少ないことは大きな問題である。また、都道府県議員の女性が増えることは、女性国会議員の増加にも繋がる。男性の国会議員の前職は都道府県議会議員が最も多いが、女性の場合はもともと都道府県議員が少なすぎて(一一・八%)、こうしたキャリア形成はごく稀である。

都道府県議会で女性を増やす観点からは、選挙区あたりの議員定数を原則三人以上、できれば五人以上とすることが望ましい。より根本的な改革案は比例代表制の導入である。そもそも、行政区単位で選挙区を設けながら人口比例原則を維持することには無理がある。人口変動に伴い一票の格差が生じるからだ。だからといって、地方議会で区割りを決定すると、特定の個人や政党に有利になるような恣意的な区割り(ゲリマンダー)を排除することも難しい。大山礼子は首長と議会議員をともに住民が直接選挙で選ぶ二元代表制である地方自治体の場合、議会内に安定的な多数派を形成する必要性は低く、従って全域を一区とする比例代表制を採用することも一案であると提言する。この場合は候補者クオータの導入が容易となる。

大選挙区である市区町村議会選挙においては制限連記制を導入し、一人数票を持つようにすることが現実的な方策であろう。一票目は地区代表に入れるかもしれないが、二票目、三票目は多様な属性を持つ候補者に入れる可能性があり、結果的に議会構成の多様性が高まる効果が見込める。

また多選を禁止することで、政界の流動性を高めることも検討課題であろう。なり手不足が深刻な状況で多選禁止は逆効果をもたらすように思われるかもしれないが、むしろ逆である。多くの人が人生の一時期を議員として活動し、その経験を社会で活かすことができるようになることで、様々な経歴を持った人が参入しやすくなるのである。

もっと大胆に、地方議会に議席割当を導入するという案もあろう。最初から男女同数の定数とし、有権者は二票持ち、女性名簿、男性名簿のそれぞれに一票を投じる。男女が競い合うことにはならず、それぞれの属性から同数選出される仕組みである。もとより、男女別の名簿方式を採用したからといって、議員は片方の性別しか代表しないということにはならない。

ただし、男女別に選挙を実施すれば男女同数議会を直ちに実現するが、性別違和を抱えたりノンバイナリーな性自認の候補者には立候補を躊躇《ため》わせるものになってしまう。一案としては、ノンバイナリーな候補者は男女名簿の両方に登載されることを可能にし、両方で当選した場合にはその都度くじ引きで便宜的にどちらの名簿からの選出なのかを決めるという方法もあるだろう。どちらかを決めるのは、その人以外の当選者を確定させるために必要だからであり、ノンバイナリーの当選者にどちらかの性別を代表させるものではない。しかし、この方法もカミングアウトしている候補者に限られるという欠陥を持つ。

どのような制度を設計するにせよ、当事者との対話を重ね、誰もが排除されない仕組みに向けて工夫を凝らす必要がある。

根本的な見直しを

国会も地方議会も、女性が少ないというだけではなく、私たちが求める議員に相応しい人物が本当に選ばれているのかという観点から根本的な見直しが必要である。女性も少ないが、男性の多様性にも欠ける。若者や障がい者、外国にルーツがある人、性的マイノリティ、非正規雇用の経験者など、これまで政治に参画しにくかった様々な人たちが立候補しやすくなることを目指して、選挙制度や選挙運動に対する不要な規制を見直す必要がある。

今までのやり方では女性議員は増えない。今までのやり方をどうしたら変えることができるのか。もっと自由な発想で、多種多様な改革案を競わせることで、二一世紀の日本にふさわしい選挙と議会政治のかたちが見えてくるのではないだろうか。

第7章 ジェンダー平等で多様性のある政治に向けて

女性議員が増えることのメリット?

これまで女性が増えない現実とその問題点を述べ、女性を増やし、多様性のある議会を実現するための具体的制度改革を論じてきた。最後の章では、女性の政治参画を進め、ジェンダー平等で多様性のある政治が実現すると、どのような未来が待っているのかを考えていこう。

現状のように女性議員が極端に少ないことは、それ自体が民主主義の観点から問題である。何度か繰り返しているように、女性が少ないだけではなく、男性のなかの多様性にも欠け、議会構成が社会の実態から乖離している。特定の属性の人が過多に議員に選出されるというのは、それ以外の人々を排除する構造が存在することを意味する。代表者の偏りをもたらす選挙制度について、民主主義の観点から問題であると認識し、抜本的に見直していく必要がある。

「女性議員が増えると、どんなメリットがあるのか」という質問を筆者自身、繰り返し受けてきた。この問いは投げかける人のポジショナリティ(立場性)を即座に照らし出す。自分にとって何がいいのかわからないから聞くのである。マジョリティ側にある人が己のマジョリティ性を問題視することなく、既存の権力構造の枠組みにマイノリティを包摂して**あげよう**という意図を感じる時、私自身はそのような問いに答えることを拒否してきた。マジョリティにとってのメリットをマジョリティにわかるように説明しろという問題設定そのものが暴力的である。むしろ「男性が圧倒的に多いことのメリットは何か」と逆に聞き返すようにしている。ほとんどの場合は質問者は答えに窮し、女性議員のメリット論をまず思い浮かべたことの差別性にハッと気づくことが多い。

近年では、「ダイバーシティ&インクルージョン（多様性と包摂）」の掛け声の下、LGBTQ＋の人々や障がい者、ミックスルーツ（外国籍や人種などの複数のルーツ）の人々、外国籍の人々を企業が積極的に登用する機運が生まれている。これらは意思決定過程の多様性を高めることがアピールになり、かつ収益が増えるという観点からもてはやされている。マイノリティの人々の就業や処遇などが改善されること自体は歓迎すべきことだが、実利が伴わなければ多様性を推進する必要はないというロジックと裏腹の関係にあることには警戒が必要である。ある局面ではメリットを証明できたとしても、状況が変わり、マジョリティにとってメリットがないか、かえって「お荷物」とみなされた途端、マイノリティは切り捨てられてしまうだろう。

マジョリティの視点からのメリット論ではなく、「議会の多様性を高めることを通じて、どのような政治を目指すのか」を考えたい。男性政治をほんの少しよく見せるために女性議員が増えるべきなのではなく、男性政治を打ち破るために、これまでの支配的な男性性とは異なる人びと（女性も男性も性的マイノリティも含まれる）が対等に政治に参画することを保障すべきなのだ。その未来に向けて、過去と現在を点検していこう。実際に女性がほとんどいない日本の政治状況において、これまでの女性議員たちは旧態依然とした政治と格闘し、新しい政治を切り拓いてきた。その歴史はもっと知られる必要がある。歴史をひもとくことで、ジェンダー平等な議会が達成された時にどのような政治や社会が訪れるのかの想像の幅が広がるからだ。

男女で異なる政策への関心

女性議員が増えることで何らかの変化が起きるのは、男女で経験や視座が異なり、社会からも異なる期待が寄せられているからである。性別役割意識と実態、そして性差別がなお色濃く残る日本社会において、女性と男性とでは見える景色は随分と異なる。

これまでも各種調査を通じて、男女の議員では関心のある政策領域が異なることが明らかになっている。例えば内閣府調査では、「議員として力を入れて取り組んでいる分野」に大きな性差が見られる。女性の半数以上が「出産・子育て、少子化対策」「介護・福祉」を挙げたが、男性でこの二つを選んだのはそれぞれ二七%である。他方、男性の三割前後が「雇用・地域経済活性化」「農林・水産」を挙げるが、女性では一〇%、六%と少ない。女性はいわゆる女性の領域とされるケアに関わる政策に力を入れる傾向があり、男性はそれらの政策に取り組まないわけではないものの、これまで地方政治において主たるテーマとなってきた地域経済活性化に力を入れている。他方で、それらの案件に対する女性たちの関心は薄い。逆に「男女共同参画」となると、女性は一八％が力を入れると回答したが、男性ではたったの二％である。

大山七穂は、女性議員割合の高い地方議会において、男女平等政策や女性関連政策（待機児童問題、DV防止、防災と女性）を率先してきたのは女性議員であることを明らかにしている。

こうした性差が生じる背景には、女性関連の政策に取り組みたいということが女性の場合には立候補の動機となっていることがある。内閣府調査によると、立候補の理由として「地方政治に、女性の声を反映させるため」と答えた女性議員は七八％にものぼる。女性議員が少なく、女性の声が政治に届きにくい現状が彼女たちの立候補の動機となっており、したがって当選後も力を入れて取り組んでいることが窺える。

もっとも、女性議員の約半数は力を入れる政策に「出産・子育て、少子化対策」「介護・福祉」を取り上げていない、という見方もできる。男性議員ではそれぞれ三割近くが力を入れており、もはや女性議員だけがケア政策に関わるという状況ではないともいえる。

国会議員においてはどうだろうか。筆者らが二〇一二年に行った国会議員アンケートや東京大学谷口研究室・朝日新聞共同調査からも、政策の優先順位に性差があることが見て取れる。男性は女性よりも経済の全体的状況や外交・安全保障を重視し、女性は男性よりも暮らし向きや教育・子育てへの関心が高い。こうした性差はジェンダー・ステレオタイプに合致するが、女性議員が戦略的にステレオタイプを利用している場合もあるだろうし、逆にステレオイプに反発し、「女性」という枠にはめこまれることを避ける女性議員も珍しくない。国政においては政党間の相違も無視できないものである。

もう一つ重要な点としては、市民社会の女性たちとの繋がりがある。立候補する際には女性の声を代弁することを意識していなかったとしても、当選後に議員として女性団体や女性有権者の声を聞く機会が増え、そのことで問題意識が深まり、女性関連の政策に意識的に携わるようになる例もある。女性議員は女性団体からアプローチされる機会が男性議員よりも多く、また、そうした呼びかけに応えていくうちにジェンダー問題の理解が深まるということもある。

男女には違いがあるという時、通常は男女間の平均的な差を意味する。個々の議員についてはアンチ・フェミニズムの女性議員も存在し、女性議員がみなフェミニスト的な志向を持っているというわけではない。保守的な女性有権者が支持基盤に含まれる女性議員においては、母親役割を強化するような政策は手がけても、女性の権利向上には関心がないということもある。

女性議員の増加とジェンダー平等政策の進展

一般的に、「女性議員が増えると、ジェンダー平等政策が進展する」と期待されるが、果たして因果関係はあるだろうか。ジェンダー平等政策を推進する機運が社会で高まった時、女性議員を増やすことにも、またジェンダー平等政策が前進することにも同時に繋がり得る。この場合、女性議員が増加したことによってジェンダー平等政策が進展したように見えるかもしれないが、本当の原因は女性の政治参画を含むジェンダー平等を推し進める社会の推進力にある。

また、女性議員が平均的に見れば男性議員よりもジェンダー平等の実現に熱心であるとはいえ、女性議員が増えたら、単線的にジェンダー平等政策が前進するわけではない。サラ・チャイルズとモナ・レナ・クルックが指摘するように、第一に、ジェンダー平等政策の重要性が高まれば、それに関心を抱く男性議員も増える。第二に、女性議員が増えると、かえって女性たちが連携しにくくなることもある。第三に、女性議員が女性政策にしか関心を持っていないように見られることを避け、かえって取り組まなくなる。第四に男性議員の反発を招き、政策が前に進まなくなる。第五にアンチ・フェミニズムの女性議員も増える。政策過程ではこれらの力学が複雑に絡み合うことになる。

ジェンダー平等をめぐる政策は、第2章で見たように、女性議員の数以上にフェミニズム運動の影響力が重要である。ジェンダー平等政策の実現という観点からは、フェミニズム運動に支えられた女性議員の増加が重要なのである。また、階層に関わる争点では左派リベラル政党の役割も大きい。

女性議員が切り拓いた政策

岩本美砂子が「女のいない政治過程——日本の五五年体制における政策決定を中心に」で早くから指摘したように、日本では女性に関する政策は議員立法によって成立することが多かった。それは女性が政治過程に存在しないため、女性に関する案件が後回しにされてきたからである。女性議員の数が極端に少ないなか、男女共同参画社会基本法やＤＶ防止法など、先進国として一応の体面を保つ程度の法整備が進められたのも、少数の女性議員が奔走し、汗をかいてきたからである。ほかにも女性議員の足跡が明瞭に見られる立法として、育児・介護休業法、パート労働法、児童買春・児童ポルノ禁止法、ストーカー規制法、リベンジポルノ防止法などがある。立法の中心とならずとも、与党であれば部会での議論、野党であれば国会質疑などを通じて、男性政治の下で見過ごされてきた論点を女性議員が積極的に取り上げることで改善に繋がった例は無数にある。二〇一九年末に自民党の税制調査会で決定された未婚のひとり親への寡婦(夫)控除適用もその一例である。

自民党の長期政権が続く日本においては、自民党の賛同が得られなければ法案は成立しないという現状がある。自民党の女性議員が賛同するかどうか、そして彼女たちがどれだけ党内の合意を取り付けられるかが、法案の成否を握ってきた。被害者救済という目的は保守派にとっても受け入れやすいものであるが、女性の性的自己決定権の実現を目的とすると拒否される。

ＬＧＢＴＱ＋への差別解消も同様に、ＬＧＢＴＱ＋への理解を増進することは保守派も容認するが、差別の存在を認めそれを撤廃するとなると反対に回る。保守とリベラルの価値観の対立の間隙を縫いながら、当事者にとって少しでも状況の改善に繋がる漸進的な制度改革が超党派の合意形成のなかで積み上げられてきたのが実情である。

政権交代が可能な状況になれば、自民党が反対するような政策が実現する可能性は広がるだろう。法改正を通じて社会もまた意識覚醒の度合いを強めることから、その先には自民党の変化も訪れるかもしれない。しかし、自民党がそこまで変化するには、政権交代を含め、いくつもの段階を経る必要があるだろう。とりわけジェンダー平等政策を阻んできた宗教右派との関係が続く限り、教義的な政策争点において進展を見込むことはできない。

クリティカル・アクター

大きな足跡を残してきた女性議員は「クリティカル・アクター」と呼ばれ、変化を引き起こすことに成功している。筆者は前編著『日本の女性議員――どうすれば増えるのか』で、クリティカル・アクターの条件として、「コミットメント」「ポジション」「ネットワーク」の三つを指摘した。立候補する前から女性たちが抱える問題に覚醒し、女性の声を政治に反映させることを使命とする「コミットメント」があり、その上で「ポジション」を得ることで女性政策を実際に前進させることができる。また、ジェンダーに関する様々な問題に気づいていくためには多様な女性たちとの「ネットワーク」が欠かせない。一九九〇年代以降の女性関連政策が一定程度進展した背景には、クリティカル・アクターとなった女性議員たちの活躍があった。その歴史的意義については、前著や五十嵐暁郎とミランダ・A・シュラーズの共著『女性が政治を変えるとき――議員・市長・知事の経験』(二〇一二年、岩波書店)を参照してほしい。

もっとも、クリティカル・アクター論を強調すると、数少ないスーパー女性議員がいればよいということになりかねず、女性議員を積極的に増やす必要性が引き出されなくなってしまうかもしれない。

クリティカル・マス

もう一つの重要な概念は第6章でも言及した「クリティカル・マス」である。これは、ある水準を超えると突然質的変化が起きることを意味し、概ね女性割合が三〇%を超えて初めて観察できるような変化が生まれるという理論である。一九九〇年代以降、国連および日本政府は指導的立場にある女性の割合を三〇%以上に引き上げることを目標として掲げたが、これは有意な変化を起こすにはクリティカル・マスが必要であるという考え方に即している。三〇%でも少数であることには変わりがないため、クリティカル・マイノリティと呼ばれることもあり、また近年では国連は目標値を五〇％に置いているように、三〇％が達せられればいいということではない。あくまで最低ラインという意味である。

なぜクリティカル・マスが強調されるかというと、およそ三〇％を超えるとマイノリティであるがゆえにもたらされる負のレッテルを気にしないですむようになり、より自由に本領を発揮し、女性として束になって影響力を高めることができるからである。

第６章で見たように、カンターの議論では女性が一五％以下の組織では女性役割が過度に強調され、女性の能力は男性以上に厳しく査定されることが指摘されていた。一五％を超えても女性であることは目立ち、三〇％を超えればその点は緩和されるものの、少数派であることには変わりない。そもそも、社会ではまだ家父長制的な考え方や性差別意識が残っていることを考えれば、意思決定においては女性が過半数となる状況を一定期間続けた先にようやく、男性も女性も関係ないといえるような環境が訪れるだろう。

女性を増やそうという掛け声に対して、「女性なら誰でもいいのか」という批判が出ることがある。そもそも男性に対しては同じような批判は出ないことを考えると、女性は男性よりも能力が低いという偏見に根ざした見方といえる。この点をいったん脇において検討するなら、集合力学の観点からは「女性なら誰でもいい」という主張には一理ある。一定数の女性がいなければ、女性が声を上げることを難しくし、またその声も聞き届けられないからだ。他方で、ジェンダー平等政策が実現するかどうかという観点からは、もちろんそのような政策志向性を持たなければ政策実現には繋がらないし、そうした女性議員が増えても党派性の力学の前に十分に結果を出せないこともあり得る。

女性議員の増加と民主主義の強化

もうひとつ重要なのは、女性議員が増えることで民主主義の質が高まるという論点である。汚職などへの監視が強まり、公共サービスの質が改善されるという研究結果も出ている。女性議員は熱心に市民相談に乗る傾向があり、また女性議員が多い国ほど政府への信頼が高いという相関関係も指摘されている。また、ナンシー・バーンズらは政治における女性の存在が女性有権者の政治参加を高めたり、立候補への志を引き出したりすると論じる。

神奈川県大磯町議会での変化も参考になる。大磯町では二〇〇三年に男女同数議会が実現し、その傾向がその後も約二〇年にわたり定着している。二〇〇三年に初当選した渡辺順子大磯町議会議員によると、この年「地区代表・名誉職型」の議員数名が引退し、誰でも自由に意見を述べる雰囲気が生まれ、議会改革が進展したという（『地方議会人』二〇二二年七月号）。実際、東京新聞は男女同数議会になってから一般質問が活性化したと報じる（二〇二二年四月二日）。男女同数になる前後で比較すると、質問時間が平均一割以上増え、議員からは「女性も男性もわきまえなくていい環境。遠慮していたら町民に怒られる」という声があることを紹介する。男性の意識も変わり、「女性が半数いることで、「あの人は女性だから」と別のめがねで見なくなる。性別にかかわらず、その人自身に目が向くようになる」、また「長年、男女同数でやってきたなかで、フラットで健全な民主主義になっているのではないか」という感想も出ているという。

大山七穂と国広陽子の神奈川県地方議会調査でも、女性議員の方が一般質問の頻度が高く、議会が活性化することがわかっている。さらには行政へのチェック機能も高まり、大磯町では行政が使えた飲食費が女性議員からの追及によりなくなったという。渡辺町議は議会での質疑は「真剣勝負だ」と証言する（前掲『地方議会人』）。民主主義の質が向上した好事例といえよう。

早稲田大学マニフェスト研究所の二〇一二年議会改革度調査によると、情報公開や住民参加などの議会改革度の高い議会では、女性議員の割合が高く、議員の平均年齢が低いという相関関係があるという。多様性のある議会は守旧派による閉ざされた議会運営を改革し、市民参加を進めたい議員が多く選出される傾向にあることを示す。また議会改革が進展することによって住民の政治関心も高まり、女性を含む多様性のある議会が実現しやすくなるといえるだろう。

女性リーダーは何を変えるか?

女性議員の数とは別に、女性がトップになるとどのような変化が生まれるだろうか。世界首脳における女性の割合は約七%とまだまだ少ないが、女性が大統領や首相になった場合、あるいは大臣や知事・市長などに就いた時に、どのようなポジティブな変化を生み出してきたかについて、イギリスのキングズ・カレッジの女性リーダーシップ・グローバル研究所が発行するレポートに端的にまとめられている。確定的にいえることとしては、それまで優先順位が低かった女性への暴力や性と生殖に関する健康について光が当たるようになり、女性に関する政策や広い意味でのケアに関する政策が進むこと、また女性リーダーは男性リーダーよりも協調的で包摂的なスタイルを好むことが指摘されている。

新型コロナウイルスによるパンデミックの発生は、改めてリーダーシップに性差はあるのかどうかについての議論を巻き起こした。有効なコロナ対策を講じたり、コミュニケーション能力が優れているメルケル首相やアーダーン首相などの女性首脳が注目されたりした一方で、非科学的な言説を撒き散らし、マスクを付けることは弱さの表れだとして拒否するトランプ大統領やジャイール・ボルソナロ大統領の姿勢は有害な男性性、あるいは支配的な男性性を示すものだとする見方も出された。例えば、男性学研究者のジェームス・メッサーシュミットは、トランプ大統領のコロナ対応は「支配的な男性性によるネクロポリティックス(死せる政治)」の典型的な例だと断じる。評判の悪かった「アベノマスク」を閣僚が誰一人付けないなか、最後まで付け続けた安倍首相も弱さを見せることを恐れたのかもしれない。

世界同時にパンデミックに直面していることから、リーダーの性別とコロナ対策や効果の関連について定量的に分析することもできるだろう。これまでのところ、女性がトップの国の方がコロナ対策が優れているとか、死者数が少ないといったことの実証研究は相反する結論を導いている。現時点でいえることとしては、女性がトップであることが対策の優劣を左右するというよりも、女性がトップになれる国では医療体制が整っており（コロナでの死亡者数を抑えるために重要な点である）、また女性を含めて多様な人材が登用されるということはガバナンスが優れていることを示しており、そのような良好なガバナンスがあることで、感染症危機にも適切な対応が取られたという見解に説得力があるように思われる。

ロールモデルが存在する意義

女性リーダーの影響力として、最後にロールモデルとしての効果を付言したい。女性がリーダーとして当たり前に存在する景色を小さい頃から見る環境と、日本のようにほとんど男性しかいない景色ばかりを見る環境とでは、次世代の女性にとって自分自身の可能性をどれだけ大きく感じられるかは異なるだろう。政治家を目指す女性が男性より少ないのは、女性リーダーが少ないことにも起因する。女性リーダーが増えていけばそれだけ見つかるロールモデルの数も増え、リーダーを志す女性も増えるという好循環が生まれる。女性リーダーが極端に少ないと、一つか二つの失敗が過度に記憶され、かえって次世代を意気消沈させてしまうかもしれない。また女性リーダーに多様性が生まれづらく、自分にとって憧れたり、尊敬できたりする女性像が見つからない場合もあるだろう。

リーダーの性別が直接的に何か違いをもたらすというより、男性性と女性性に関する解釈枠組みがそれぞれ異なる形でリーダーシップに影響を及ぼすことにこそ注意を向ける必要がある。第4章で論じたように、ジェンダー・ステレオタイプに適合したスタイルを取った方が、男女ともに評価を高める傾向にある。男性政治の下では、リーダーには男らしさが求められるがゆえに、女性政治家は男性政治家とは異なる苦労を強いられる。そして、男らしい女性リーダーが多く誕生したとしても、男性政治そのものの変革には繋がらない。

ジェンダー平等で多様性に富んだ社会では、女らしさと結びつけられがちな特性――共感、協調性、共同体志向――がむしろリーダーに求められるようになるだろう。しかし、リーダーには男も女も関係ないといえる環境が訪れるには、社会における家父長制が解体していなければならず、それにはまだ多くの時間がかかるのである。

生活者としての女性

女性が男性優位の政治に挑む時、しばしば男性政治へのオルタナティブを提示することにその行為の正統性を見出してきた。古くは戦前の婦人参政権運動において「政治は生活」というフレーズが市川房枝らによって編み出され、女性たちは選挙権こそないものの、ゴミ問題や魚市場独占反対などの生活に密着した争点において「実際運動」を展開した。

戦後においても、「生活」を男性による利権政治の対極に位置づけ、日常生活に基盤を置く主婦や母親たちが合成洗剤使用反対(粉せっけん運動)に取り組んだり、公害、給食のあり方などについて異議申し立てを行ったりしてきた。主婦たちは男性優位の政治から排除された存在であるが、だからこそ「生活者」あるいは「主婦」としてのアイデンティティをもって独自に政治に参加した。

一九八九年の参議院選挙でマドンナ旋風を吹かせた社会党党首の土井たか子は、選挙公示日に「女性の政治宣言」を発表し、「男性支配の政治は利権、腐敗、不正〔…〕格差を日常化させてきたと批判し、女性が目指す政治は「人間・いのち・生活の価値を優先する政治」と位置づけた(朝日新聞一九八九年七月二五日)。これもまた、戦前来の女性運動が追い求めた「女性の政治」を示したものにほかならない。この時当選した「マドンナ議員」たちも女性であることを強調し、「主婦感覚」「台所感覚」「生活者として」といった言葉を使い、男性支配の政治との相違を際立たせようとした。

こうした男性の政治に対置させた女性の政治は二つの面で限界を抱えていた。ひとつは、そこで表象された「女性＝生活者」というアイデンティティが性別役割分業を前提としていたこと。もうひとつは、生活者というシンボルが革新から改革保守へとその意味内容を転変させる政治状況が、五五年体制崩壊以降に強まったことがある。

まず、生活者アイデンティティの限界について検討しよう。女性が生活者として政治参加するということは、進藤久美子が『ジェンダーで読む日本政治――歴史と政策』で指摘するように、伝統的な性別役割分業を介して自らの政治アイデンティティを形成し、生活者としての政治意識を得たことによる。「産み、育て、介護する」役割を女性が担っているからこそ、女性にとっては生活環境の維持が大きな価値となり、生活に影響をもたらす公害、過剰消費、教育崩壊などに批判的に反応したのである。生活者というアイデンティティは「既成の体制に対する変革の政治意識と政治行動の契機」となり得た。そのため、女性の政治、あるいは進藤が呼ぶところの日本型ジェンダー・ポリティックスは、政治課題、政治様式、選挙手法の三点において保守的な男性政治のオルタナティブを提示したのだった。すなわち第一に政策課題として、利益誘導政治のなかでは取り扱われなかった生活に密着した争点を浮上させ、第二に利益団体ではなく、個々の市民が共通の意見を核に議員と繋がる政治様式を生み出し、第三にボランテイア中心のお金のかからない選挙手法を編み出したのである。

「女性」であることに政治参画の正統性ないし資格性を求める動きに対して、吉澤夏子は『フェミニズムの困難――どういう社会が平等な社会か』で土井ブームを振り返り、当時は「女性であることが無条件に政治家としてのすぐれた資質を示しているかのような、だからこそ当選することが当然であるかのような、そんな雰囲気が少なからず漂っていた」（五四頁）と批判的に述懐する。政治的権利において男性と対等になろうとしながらも、同時に男性が「アドヴァンテージ」を握っている社会構造を前提として成立する「女であること」の効果を、無意識にか戦略的にか、利用することによって女性の政界進出が果たされるのであれば、フェミニズムの観点からそれを単純に評価することはできないと疑問を呈する。

「女であること」の意味

「女であることが無条件に政治家としてのすぐれた資質」を示すとしたら、それは二重の意味を持っているだろう。

ひとつは、性別役割分業を前提として、生活に密着した争点は生活領域においてケア責任を担う女性だからこそ気づく、あるいは女性でなければ気がつかないという意味である。この論理は男性たちの利益政治に切り込む女性たちの政治参加に正統性を付与したが、逆に、生活争点以外での女性の政治参画の正統性を毀損することに繫がりかねないものであった。あるいは、そもそもケア責任を全うしながら政治活動を行うことが国政ではほぼ不可能な状況下で、女性の政治参画の資格性をケア責任にのみ求めることの限界もあった。

もうひとつは、女性の特質を本質主義的に捉える傾向である。女性であれば無条件にクリーンで、高潔な政治を行うという言説も女性の政治参加を称揚するものであるが、このような女性の本質主義的理解に対して女性たち自身に、あるいは社会全体としても、支持が広がらなかった可能性がある。

女性は男性と比べて清廉潔白であるという言説は、戦前の婦選運動においてもたびたび繰り返された。女性が参政権を獲得すべきである理由のひとつとして、女性の方が男性と比べて投票を買収されにくいという側面が強調された。これは婦選活動家だけではなく、選挙腐敗を取り締まる体制側にとっても同様の理解であった。進藤久美子によると、行政裁判所長官の清水澄《とおる》が「女子に選挙権を与えふるは選挙界浄化の一方便なり」と述べたという。女性が男性よりも高潔であるがゆえに投票権を得るべきであるという戦前の論理は、参政権を得た戦後には、だからこそ女性は被選挙権を行使し議員になるべきだという形で継承されたのである。

戦前の婦選運動が満州事変以降の窮屈な政治環境を生き延びていくには、体制的価値との刷り合わせは不可避であるとの判断が優勢となった。そこで、男女の政治的同権を主張する女権論を転換し、母性性の価値に基づく政治的主張や、男性よりも高潔な存在である女性は政治浄化に貢献しうると訴える戦術へと転換を図ったのである。このような選択に対して、進藤は「戦時下の危機的状況にあって有効な方法であった」と評価する。

一九八〇―九〇年代においても、その戦術は維持されるべきであったのだろうか。マドンナ旋風が吹いた一九八九年という年は、男女雇用機会均等法が一九八五年に成立してから四年後である。男女雇用機会均等法は実際の内容はともかく、男女同権の価値観に根差す法律であることを考えると、「女であること」を強調した政治は均等法的な精神の延長線上にあるというより、むしろ齟齬があったといえる。男女雇用機会均等法はその後の改正を経て強化され、働く女性の数も増え続けた。しかし第2章で見たように、ジェンダー化された二重構造は骨格の部分が維持されたまま女性の社会進出が促され、男性稼ぎ主モデルからジェンダー化された共稼ぎ型へと移行したに過ぎない。つまりは、男性稼ぎ主モデルにおいては存在感を発揮した生活者としての女性は数を減らした一方で、経済的に自立できる女性の層が厚く形成されたわけでもなかった。女性の生活経験が多様化し、女性が生活者というアイデンティティを通じて政治的主体性を獲得する社会経済的条件はもはや消失している。

一九八九年という年は、そうした転換期の最中にあり、「女であること」の意味を生活者に見出すことができた最後の時だったのかもしれない。

「生活政治」の転換と新自由主義の台頭

土井がいうところの「女性政治」が体現していたのは、男性による利益政治へのアンチテーゼであり、政治学者の篠原一が一九八〇年代に「ライブリー・ポリティクス」という概念で表そうとした新しい政治のあり方と重なる部分もあった。それは環境問題、フェミニズム、地方自治といった争点における対抗運動が目指した政治である。当時多用された「女性が政治を変える」あるいは「女性で政治を変える」という言い方は、女性が生活者というアイデンティティで利益政治とは異なる政治を創り出すという方向性を示すものでもあった。

もっとも、武田宏子やロビン・ルブランが鋭く指摘するように、生活者としての女性たちの運動がどこまで対抗運動として自覚を持っていたかといえば、実態は生活保守主義が混じり合うものであった。

それでも「生活者」は利益政治への対抗文化を象徴し、その影響力は自民党政権も無視できないものになっていく。一九九〇年代に入ると、宮澤喜一内閣が「生活大国五か年計画」を打ち出すに至るのである。ただし留意すべきは、ここでの生活者はすでに「生活者・消費者」というかたちで「消費者」が加わった主体として捉えられている点である。それまでの対抗文化において育まれた経済成長偏重の資本主義経済への抵抗を示す「生活者」ではなく、むしろ脱工業化した資本主義経済に適合的な「生活者・消費者」が想定されていた。一九九二年に細川護熙《もりひろ》が立ち上げた日本新党においては、「生活者主権」が綱領に掲げられ、「生活者」は自民党の利権政治に対峙するシンボルであるとともに、既得権益を打破する構造改革を正当化する論理を担うようになる。

つまり一九九〇年代の「生活者・消費者」というシンボルには（革新的）リベラルな価値にネオリベラルな価値が重ねられていた。それが時代を経ることで徐々にネオリベラルな方向へとスライドしていくのである。

大井赤亥《あかい》が述べるように、五五年体制が崩壊すると日本政治は一気に「改革の政治」へと舵を切った。保守が内部分裂を起こし、「革新」が一方的に消滅した結果、政党対立軸は「革新」対「保守」から「守旧保守」対「改革保守」へと移行する。守旧保守が擁護する従来の利益政治に、新自由主義グローバリズムを進める改革保守が対置され、「改革保守」にとっては「生活者・消費者」の利益を擁護するために、行政改革を遂行し、「無駄」を省き、規制緩和を断行することが政治プロジェクトとなった。

この新たなネオリベラルな「生活者・消費者」の政治から女性の姿は消えていた。ジェンダー化されていた生活者の概念が脱ジェンダー化されたのと同時に、ネオリベ化されたといえる。「ライブリー・ポリティクス」においては、新しい政治を担う主体としてそれまで政治から排除されていた女性に期待が寄せられたのとは対照的に、ネオリベ化を進める男性同士の権力闘争において、女性はあくまで「客体」として扱われたに過ぎない。

格差社会と生活

一九九〇年代はマドンナ旋風の余波があり、また自社さ政権の誕生によりリベラル勢力が政権の一画を成したことから、ジェンダー平等政策には一定の進展があった。またそれを実現したクリティカル・アクターが活躍をした時代であった。ところが、二〇〇〇年代以降はバックラッシュが吹き荒れ、女性の政治参画の行く手が阻まれた。「小泉チルドレン」や「小沢ガールズ」という呼称が象徴するように、女性議員の数は増えたものの、「政治的客体」として登用されたのだった。自民党の女性議員が増え、海妻径子が鋭く論評するように右派ないしアンチ・フェミニズムの女性議員も目立つようになってくる。

小泉改革を経て改革保守路線を鮮明にした自民党への対抗軸として、小沢一郎が頼ったのが「生活」であった。民主党のスローガンに「国民の生活が第一」が掲げられ、やがて消費税問題で民主党を離脱した小沢が作った政党名も「国民の生活が第一」であった。ここで再び、自民党への対抗シンボルを「生活」が担わされることになるが、生活者としてのアイデンティティから程遠い小沢が掲げる「生活」に、どれほどの女性、あるいは主婦がリアリティを感じただろうか。小沢といえば民主党が子ども手当を提唱する際に同居手当(同居してケアを提供することへの現金給付)を提言し、保守的な家族観を露呈させている。「生活」という言葉が持つ「ライブリー・ポリティクス」的な革新性は消滅し、生活保守主義が奇妙に混じり合った言葉として復活したのだった。

経済・社会状況の変化も念頭に置く必要がある。「生活(者)」という言葉は、バブル経済崩壊以降、長期にわたって低成長が続く日本において、かつてのような革新性を失った。雇用の安定はもはや自明のものではなく、非正規雇用が拡大し、宮本太郎が呼ぶところの「新しい生活困窮層」が生み出されている。天野正子がいうように、「生活者」は「くらしの主体者を表す」言葉であった。しかしながら現在では、日々の暮らしそのものが成り立たない層が増え、求められる政治は生活防衛を超えて、命や生存を保障するものへと大きく変容した。

日本の税・社会保障は再分配機能が弱く、時には「逆機能」を果たすほど低所得者層に冷たいことに大沢真理が繰り返し警鐘を鳴らしている。さらには二〇二〇年以降のコロナ禍の拡大により、生活困窮は一層深刻化した。二〇二一年の衆議院選挙で野党共闘を支えた市民連合が野党四党と合意した共通政策のサブタイトルは「命を守るために政治の転換を」であった。また、社民党は「生存のための政権交代」をキャッチフレーズとして掲げた。「生活(者)」に代わり、「命」や「生存」という言葉が選ばれているのは、それだけ差し迫った状況にあることを示している。

リーンイン・フェミニズム批判は日本の現状に妥当するか?

格差や貧困がコロナ禍で一層深刻化する一方で、ジェンダー平等に向けた社会の推進力は高まっており、ジェンダーと階級の交差について考える必要性が高まっている。フェミニズムへのバックラッシュが弱者男性論と共振していることを第5章で述べたが、それにとどまらない複雑な対立構図が生み出されている。一つはリーンイン・フェミニズム批判であり、もう一つはフェモナショナリズム批判である。両方とも欧米の現状のなかで生まれた言説を、状況が相当異なる日本にそのまま当てはめて批判を展開するものだが、日本の現状に即した分析が必要である。

新自由主義が徹底したアメリカやイギリスでは、経済的に成功を収めた女性たちの層が日本よりも遥かに厚く形成され、彼女たちが女性の権利や地位向上を求める様子は「リーンイン・フェミニズム」と呼ばれる。この名前はフェイスブック(現在はメタ)のCOOであったシェリル・サンドバーグが、著書で女性たちに「一歩前に踏み出す(リーンインする)」必要性を呼びかけたことに起因する。あるいは、キャサリン・ロッテンバーグは、キャリア女性が「ハッピーなワーク・ライフ・バランス」を理想化する傾向を「新自由主義フェミニズム」と呼ぶ。上昇志向の強い女性が自己投資を通じて優良な人的資本となることを目指しつつ、再生産（妊娠・子育て）を自己責任として引き受け、健康に気遣いフェムテックを駆使し、良い母親業を営むありようである。

日本の場合は保守政治の影響が極めて強く、共働きが増えたとはいえ性別役割分業が強固に維持され、ジェンダーギャップが残存し、ジェンダー平等は世界最低レベルである。フェミニズムという言葉に肯定的な響きを感じる層が薄く、指導的立場に到達しつつある五〇代以上ではなおさらそうである。「女性活躍」というのはリーンイン・フェミニズムに近いようにも見えるが、男性／政府主導の取り組みのため、女性の主体性が発揮されたものではない。日本の女性運動において、生活を犠牲にし、ケアを顧みない「男性」のようになりたいという要求は希薄で、前述のように、生活者としての「女性」の視点を反映させる運動の伝統が強い。

近年では、高価なブランド品を扱うグローバル企業がフェミニズム的視点を取り込んだマーケティングを展開しており、文化的な影響力は無視できないものがある。しかし、女性が活躍できない日本で、どこまで経済的な実感を伴うのかは疑問である。

一方で、生活を維持することさえ困難な貧困の広がりは、女性の権利要求運動への拒否感を社会全体で生み出している。弱者男性論という形を取ったり、女性議員や女性役員など「勝ち組女性」を増やす主張への違和感となって表れたりする。この土壌の上に海外のリーンイン・

フェミニズム批判が持ち込まれ、フェミニズムや女性運動バッシングにお墨つきを与えている。ここで重要なのは、女性叩きに興じることではなく、男性政治を組み替えようとしてきた日本の女性運動の歴史を引き継ぎつつ、生活者とは異なる複数のアイデンティティに根ざした政治を構想することではないだろうか。

フェモナショナリズム批判とは

話を急ぐ前に、フェモナショナリズム批判を検討しよう。これは、右翼ポピュリズムにおいて見られる移民排斥の主張にフェミニストが加担しているという批判だ。ヨーロッパでは右派の女性政治家が反移民政策を掲げることは珍しくなく、例えば、イスラーム文化は女性を差別すると糾弾する。「女性の権利」の名の下で、ムスリム男性を他者化し、イスラムフォビアを助長する構図を生み出しているのである。こうした現象はナショナリズムがフェミニズムの主張の一部を取り込むもので、サラ・ファリスはフェモナショナリズムと呼ぶ。

日本でもタカ派の女性政治家が軍事化を支持したり、ナショナリズムを叫んだりするようであれば、一種のフェモナショナリズムといえるのかもしれない。ただし、ジェンダー平等後進国の日本ではヨーロッパとは異なり、女性が獲得した権利を擁護する以前に、これから獲得しなければならないことが山積みである。また、日本での外国人排斥運動は主に在日朝鮮人・韓国人を標的としており、そこでは日本軍「慰安婦」の否定も中核的な主張を形成しているため、女性の権利擁護とは相容れない。女性の権利の名の下で排外主義を煽るという図式は成立しようがない。

しかしこのことが、日本版のフェモナショナリズムが生み出されないことを意味するわけではない。日本の女性たちは平和志向が強く、母親としての政治参加は子どもたちを戦争に行かせない思いとも強く繋がってきた。日本を軍事化させたい勢力は、女性たちの平和志向を挫《くじ》く必要があり、ここに女性の顔をしたタカ派政治家の有用性が存在する。高市早苗はその典型的な政治家であろう。女性政治家であれば、いくら安全保障で強硬路線を主張しようとも、生理や更年期のつらさ、子育ての苦労など、「女性」としての側面が垣間見えることがある。ヨーロッパのように「女性の権利」を擁護するものではないが、右派女性であっても体験せざるを得ない女性としてのつらさや苦労に一般女性たちの共感が集まるなら、平和志向の女性たちの警戒感を解く役割を演じられるかもしれない。

右派による女性の取り込みは、これにとどまらない。トランスジェンダーに対する嫌悪感を利用し、女性の安全とトランスジェンダーの権利が対立するかのような構図を作り出し、女性たちが自分たちの安全を守るために保守に接近するよう仕向けるかもしれない。英米においてはすでにこのような対立構図があり、日本でもＬＧＢＴ理解増進法をめぐり似たような状況が表出したと、神谷悠一らが警鐘を鳴らす。日本には守るだけの「女性の権利」の実態がなくとも、「女性の安全」は普遍的な要求であるだけに、ヘイト言説が忍び込みやすいともいえる。当然ながら、安全はあらゆる人にとって保障されなければならないものである。

リーンイン・フェミニズムもフェモナショナリズムも、男性政治の下で生まれたものであり、男性政治を補強する論理である。男性政治を打破すべきであるとの本書との主張とはもちろん相容れないのだが、気をつけなければならないのは、それらを女性の政治参画を否定する論拠として転用する場合である。女性政治家が増えても、しょせんリーンイン・フェミニズムやフェモナショナリズムが増幅するだけだから、増やそうとすることは意味がないという主張に転化するならば、結局のところ男性政治が生きながらえることになるだろう。男性政治を補完する女性登用、つまりトークニズムは、そもそもフェミニズムの名に値しないのである。

左右イデオロギーとジェンダー

政治における左右の対立にジェンダー争点がどのように絡むのかについても、もっと敏感になる必要があるだろう。ジェンダー平等を求める社会の圧力が高まった結果、右派勢力にとってもジェンダー平等への一定の譲歩は不可避となっている。女系天皇の否定や夫婦同姓の戸籍制度などの根幹を維持しつつ、世論に押されて、女性たちが要求してきたことの一部は実現を見るかもしれない。とりわけ少子化の危機を深刻に捉え、女性たちに産ませたい動機を強く抱く右派の場合、生殖補助医療への助成は親和性の高い案件である。しかし、女性の身体を統制する欲望が消えることはなく、性的自己決定権を欠落させたセクシュアル・リプロダクティブ・ヘルスが部分的に実現するのみであろう。

他方、左派・リベラル勢力にとってジェンダーはどういう意味を持つのだろうか。土井が一九八九年に女性の政治宣言を掲げた際には、具体的な課題として「女性の全面的政治参加」「男女平等の労働権の確立」「女性の人権侵害・差別を許さない社会の実現」の三点に言及した。ここに平和が入っていないのは、「憲法と結婚した」と公言していた土井にとって、男女関わりなく追求する政治信念だったからであろう。さらに、経済的格差是正や資本主義経済の再編成が入っていないのも、社会主義を掲げた政党として自明のことだからかもしれない。しかし、格差の広がりは階級という争点を再び浮上させており、ロシアのウクライナ軍事侵攻以降は平和の争点も再びリアリティを持つに至っている。左派・リベラル勢力がこんにちの文脈で女性の政治宣言を掲げるとすると、先の三点に象徴されるようなジェンダー平等を中核に置きつつ、平和と格差是正を志向することになるだろう。

男性政治の下でも左右対立があるように、女性のなかにもイデオロギーの相違が当然ながらある。男性政治を打破すべきだと考える男性もいると同時に、男性政治を支える役割を積極的に引き受ける女性政治家もいる。女性政治家が増えた先にどのような社会が生まれるのかは、政治の左右対立と絡みながら、どの政治勢力が権力を握るかによって異ってくる。主権者がそれを十分に意識しながら政治参加を行うかどうかが、未来を決めていく。

声を上げ始めた女性たち──MeToo時代の政治参加

ここで改めて女性が政治に参画する動機に着目したい。女性の場合、政治や権力を志向するようには育てられていない。男性の領域と考えられがちな政治の分野にあえて挑戦するには、権力志向とは異なる動機に突き動かされることが多い。女性として生きていくなかで生きづらさを感じたり、理不尽なことを経験したりするうちに、やがてそうした個人的な経験は決して自分一人だけが抱えるものではなく、女性あるいは社会が共有するものであると気づいていく。「個人的なことは政治的である」という第二波フェミニズムのスローガンは、今なおその意義が色褪せることはない。自分自身の個人的な問題が実は政治の問題であると気づいた時が、女性にとっては政治に参画する意味が発見される瞬間である。

もっとも、女性は社会の理不尽さを感じたとしても、必ずしも「政治」によって対処すべきだとは考えない傾向にある。主婦としてのアイデンティティ形成と政治参加について練馬区大泉でフィールドワークを行ったロビン・ルブランは、主婦たちには「政治の権力構造に入り込む場所が、物理的にもイデオロギー的にもみあたら」ないと指摘する。「政治」といえば、遠いところで男性たちが経済的利益を代表する場であると受け止めているからだ。むしろ「社会変革の道すじとしての政治を拒絶する」態度さえ取る。自分自身が向き合う社会問題は「公共」の課題としては認識しても、「政治」の課題だとは捉えず、ましてや自身が政治参加することで解決に繋がるという発想を持ちにくい。

長い間、男性たちが政治を占有し、女性が抱える課題を正面から扱ってこなかったことが女性を政治から遠ざけた。フェミニズム運動もまた、男性優位の政党政治とは距離を置き、対抗運動を展開してきた。さらには、個別の事案を進めようとすれば、自民党長期政権の下では自民党に陳情せざるを得ず、「政治」による解決、つまりは自ら(の陣営)が権力を取ることで解決するという志向性は女性たちのあいだでは希薄だった。

それでも、女性が「女であること」を意識し(正確には、意識させられ)、だからこそ異議申し立てを行うことは珍しくない。「#MeToo」という性暴力の告発が二〇一七年一〇月にハリウッドから世界的に広がったが、日本ではそれに先駆けて伊藤詩織が性被害を告発し、さらに二〇一八年になると、日本のMeToo運動は、財務事務次官セクハラ事件や医学部入試差別などを経て日本社会に蔓延する性差別に対する異議申し立てとして広がっていった。二〇一九年になるとフラワーデモが全国に広がり、毎月一回、性暴力サバイバーたちの声に静かに耳を傾け、刑法改正を求める運動が定着した。日本のMeToo運動はアメリカや韓国のように加害者を名指しして社会的制裁を加えるようなものではなかったが、被害者の語りに共感し、お互いをエンパワーしあうものとして静かに広がっていった。性暴力被害者というアイデンティティを通じた政治主体性の獲得が起きたといえよう。

さらには若手女性のアクティビズムが様々な広がりを見せている。女性へのパンプス強要について問題提起し、実際に政府や企業の対応につなげた石川優実の#KuToo、週刊誌『SPA!』の「ヤレる女子大生ランキング」特集に抗議し、編集部と対話の上、謝罪と性的同意の特集号発行を引き出した山本和奈らの行動。山本は誰もが声を上げやすい社会を目指してVoice Up Japanを設立し、様々な大学等での支部設立に繋がっている。性的同意の概念を広める活動は二〇一八年ごろから各大学キャンパスで広がり、Speak Up Sophia（上智大学）、シャベル（早稲田大学）、Tottoko Gender Movement（東京大学）、Safe Campus Keio（慶應義塾大学）、Be-Live Soka（創価大学）などが相次いで結成され、二〇二〇年には内閣府男女共同参画局が性的同意の啓発ポスターを作成するに至っている。福田和子による「#なんでないのプロジェクト」は日本におけるセクシュアル・リプロダクティブ・ヘルス／ライツの浸透を目指し、また、生理用品への軽減税率などを求めた「みんなの生理」の谷口歩実・福井みのりらのキャンペーンは、「生理の貧困」問題を一気に政治課題化させた。政治アイドルとしてSNSを中心に発信し、「みんなの未来を選ぶためのチェックリスト」の発起人も務める町田彩夏の多彩な活動、能條桃子が立ち上げた若者の政治参加を求めるNo Youth No Japan、櫻井彩乃の「#男女共同参画ってなんですか」など、様々なアクティビズムが展開している。

アイデンティティを通じた女性の政治参加はMeToo以前からもすでに起きていた。二〇一一年の東電福島第一原発の事故は多くの母親たちの政治的覚醒をもたらした。二〇一五年の安保法制の成立過程でも母親たちの抗議行動は各地の「安保関連法に反対するママの会」として立ち現れた。二〇一六年には「保育園落ちた日本死ね!!!」のブログが発出され、それに対して安倍首相は「匿名である以上、確認しようがない」と国会で答弁した。この発言は当事者の怒りを買い、「#保育園落ちたの私だ」というハッシュタグを付けてSNSに投稿したり、国会前でプラカードを掲げて抗議したりする事態へと繋がった。待機児童問題への異議申し立ては、よりポジティブな「#保育園に入りたい」を掲げる天野妙らの「みらい子育て全国ネットワーク(miraco)」へと発展し、男性の家庭進出を促す運動へと広がりを見せている。二〇一八年に始まった選択的夫婦別姓・全国陳情アクションも、事務局長の井田奈穂の精力的な活動もあり、選択的夫婦別姓運動の盛り上がりに大きく貢献している。山本潤が代表を務めるSpringは性被害当事者を中心とする団体で、刑法改正に一定の影響を与えた。

当事者という政治主体性

ジェンダーに関して、一見バラバラに見える様々なテーマが提起されており、シングルイシューの社会運動が生まれては消えていくように見えるかもしれない。しかしながら、ジェンダーをめぐって経験する理不尽さや生きづらさに共通の名前を与えるのであれば、「家父長制が引き起こす抑圧と暴力」ということになろう。この一点において連帯の可能性を見出すことは難しくないはずだ。つまりは男性政治の打破という点で、これらのイシューは繫がり合えるのである。

「当事者性」という言葉は英語になりにくいといわれる。日本で政治参加の手がかりとして頻繁に言及されるこれらの概念は、実は「政治主体性」を意味するように思われる。投票以外の政治参加が特殊なことのように映る日本の政治文化にあって、異議申し立てを行うことには特別の理由が求められる。政治に参加する時の「わたし」の立ち位置について、社会に説明をしないといけないと思わせる何かがあるのではないだろうか。ところが、イデオロギーや理念に基づいた政治的意見の表明ではなく、とある当事者性を持つ「わたし」の主張はその当事者性から導き出されるがゆえに、ある意味「非政治的」な響きを持つ。少なくともなぜその意見を持つのかの説明は回避される。母親として、生理に悩む者として、ひとり親として、性被害を経験した者として、ＬＧＢＴＱ＋として、難病を抱える者として、若者としてなど、「〇〇としてのわたし」が声を上げることには正統性が付与されやすい。

逆にいうと、正統性が付与されにくい当事者性、わかりやすい輪郭を描けない当事者性は、声を上げにくいということでもある。一体誰がその正統性を付与してきたのか、誰に沈黙を強いているのかを批判的に問う作業が必要である。

フラワーデモを呼びかけた北原みのりは、性暴力被害者が語らずにはいられない気持ちになったのは、フラワーデモが「安全に語れる場」であったからだと顧みて、「あなたの声を聞かせてください」という社会の側の聞く姿勢が必要だと主張する。北原の指摘は、仮放免となった非正規滞在外国人の支援を続ける社会学者の稲葉奈々子と共振する。稲葉によれば、「諸権利を持つ権利」を剥奪された非正規滞在者が入管収容施設の問題等で公共空間において声を上げることができたのは、支援者との信頼関係があり、聞いてもらえるという実感があったからだという。

「安保関連法に反対するママの会」参加者のインタビュー調査を行った元橋利恵もまた、政治運動の場で日々の母親業の経験や不安を語ったことが集団によって承認されることによって、政治的にエンパワーメントされたことを見出す。そして他者に呼びかけ、応答を受けることを通じて、母親業を営む彼女たちが政治的主体性を獲得し、母親である女性を排除する政治への抵抗運動を実践したのだった。

声を聴くのは誰か?

現在、様々な政治的主体性を持つ当事者が声を上げるようになった。それは多様な「声」を聴く公共空間が、路上でもネットでも、広がったからだろう。稲葉も元橋もハンナ・アレントの「現れの空間」が現在の日本に出現していることを指摘する。抑圧され劣位に置かれた者は、「現れる」ことにより、存在を初めて認知される。

齋藤純一は「現れの空間」が生起するには、見る者、聴く者のアテンション(注意を傾ける)の行為が必要だと説く。「聴く」という行為は「他者にとっての世界の受け止め方を自らのうちに引き入れる行為」であり、それは「自己を安定した位置から不安定な位置へと移動させるという意味で、自らをヴァルネラブル(脆弱)にする行為であると指摘する。語ることによりさらに傷つきが深まり、また語りが勝手に翻訳され領有される危険性があるにもかかわらず、語っても構わない、あるいは語らずにはいられない空間が生起したのは、聴き手側の応答性への信頼、あるいは賭けがあったからであろう。聴き手もまた、自分の世界観を絶対視せず、その修正を迫られることに自分の身を晒したことになる。そうであれば、日本の市民社会は静かに成熟しつつあるのかもしれない。

他方で、政治が社会の要求に十分に応答しているとはいい難い。自生的に誕生した応答的な公共空間をどのように政治に接続するのかが問われている。

政党政治の刷新に向けて

これまで広がってきた様々な当事者性に基づいた異議申し立ては、議会制民主主義の機能不全を補うかのように直接民主主義を実践するものであった。そのため、具体的な政治的要求ごとに集合離散を繰り返す社会運動のかたちを取っていた。これを議会制民主主義の再建へと接続するには、単発的な異議申し立ての受け皿そのものを刷新する試みが必要となる。そうした受け皿があってこそ、女性をはじめとする多様性のある議会が実現できる。そして、その受け皿というのは「政党」にほかならない。

世界的に既存政党への不信感や批判が強まるなか、なぜまた政党なのかと思われるかもしれない。確かに政党は不人気である。堕落した政治の象徴のように思われているのが政党であろう。一方的に意見を押し付け、選挙の時だけ票を頼ってくる政治は気が滅入る。自民党は個人商店の連合会のような組織だし、野党は政治信念がどこまで本気なのか見えにくく、頼りなく映る。ましてや、社会の分断が進み、左右両極の小政党が乱立してくると、議論の前提を共有することが困難になってくる。

しかし、いや、だからこそ、社会の多様な声を一定程度まとめあげ、意味ある選択肢を用意するのは政党にしかできない役割といえないだろうか。これまでの政党がその機能を十全に果たしていないのであれば、市民社会から鍛えあげる、あるいは創りあげていくことに取り組む必要があるといえる。

本書を通じて、政党の男性政治が変わらなければ女性候補者は増えようがないことを論じてきた。女性たちが様々な当事者性を手かがりに政治主体性を獲得し、政治に対して声を上げても、政党の男性政治が変わらないために実際の変革へと繋がってこなかった。変わらなくてはならないのは第一に政党であり、政党を変えるべくコミットしていく社会運動が立ち上がっていく必要があるだろう。政党を忌避していては政治は変わらないからだ。

つまりは、MeToo 時代の政党政治の課題は、様々な「当事者」を結びつける包摂的な社会のビジョンを構想できるかどうかであり、それには当事者による政治的意見表明を束ねていくことのできる公共空間が欠かせない。その公共空間に政党もひとつのアクターとして参画し、市民とともに新しい政党政治を創り出す主体となる必要がある。つまりは、市民と政党の新しい関係性の中核にジェンダー平等と多様性を据えることが、男性政治を打破する鍵となるのではないだろうか。男性政治の打破は民主主義の刷新とともにあるのである。

謝辞

本書の執筆にあたっては、私自身が関わってきた数々の共同研究に多くを負っています。共同研究者の申琪榮《シンキヨン》、大山礼子、ケネス・盛・マッケルウェイン、スティール若希、グレゴリー・ノーブル、黄長玲《ホアンチャンリン》、楊婉瑩《ヤンワンイン》、李珍玉《イジノック》、権修賢《クォンスヒョン》、金子智樹、安藤優子、竹内明香、山脇絵里子、江藤俊昭、大倉沙江、全国フェミニスト議員連盟「議会のいじめ調査プロジェクト・チーム」の皆さんに感謝申し上げます。お名前は挙げていませんが、政治活動について国会議員・地方議員の方々からご教示いただいたことが、本書の随所に活かされています。また、申きよん（琪榮）と私が共同代表を務める一般社団法人パリテ・アカデミーの活動を通じて、若手女性が政治に参画する際の障壁や悩みを聞き、それを突破するアクションからも刺激と勇気をもらいました。西川有理子事務局長、そして編集者の藤田紀子さんのお陰で本書は完成しました。

本書の刊行を楽しみにしている家族の励ましに心より感謝します。息子が被選挙権を持つ頃には、ここに書いてあることが昔話となっていますように。

二〇二二年一一月　著者

岩波新書/最新刊から

2023 **表現の自由** 市川正人著
—「政治的中立性」を問う
本書は、「政治的中立性」という曖昧な概念を理由に人々の表現活動を制限することの危険性を説くものである。

2024 **戦争ミュージアム** 梯久美子著
—記憶の回路をつなぐ—
戦争の記録と記憶を継ぐ各地の平和のための博物館を訪ね、土地の歴史を探り、人びとの語りを伝える。いまと地続きの過去への旅。

2025 **記憶の深層** 高橋雅延著
—〈ひらめき〉はどこから来るのか—
記憶のしくみを深く知り、上手に活かせば答えはひらめく。科学的エビデンスにもとづく記憶法と学習法のヒントを伝授する。

2026 **あいまいさに耐える** 佐藤卓己著
—ネガティブ・リテラシーのすすめ—
二〇一〇年代以降の情動社会化を回顧し、ファスト政治ではない、輿論主義(デモクラシー)のための「消極的な読み書き能力」を説く。

2027 **サステナビリティの経済哲学** 松島斉著
宇沢弘文を継ぐゲーム理論と情報の経済学の大家が「新しい資本主義」と「新しい社会主義」というシステム構想を披露する。

2028 **介護格差** 結城康博著
介護は突然やってくる！　いざというときに困らないために何が鍵となるのか。迫りくる「2025年問題」の全課題をわかり易く説く。

2029 **新自由主義と教育改革** 髙田一宏著
大阪から問う
競争原理や成果主義による新自由主義の教育改革。国内外で見直しも進むなか、勢いを増す維新の改革は何をもたらしているのか。

2030 **朝鮮民衆の社会史** 趙景達著
—現代韓国の源流を探る—
歴史の基底には多様な信仰、祭礼、文化が根づいている。日常と抗争のはざまを生きる力弱い人々が社会を動かしていく道程を描く。

(2024.9)

岩波新書より

過労自殺〔第二版〕◆ 川人　博
金沢を歩く 山出　保
ドキュメント 豪雨災害 稲泉　連
ひとり親家庭 赤石千衣子
女のからだ フェミニズム以後◆ 荻野美穂
〈老いがい〉の時代◆ 天野正子
子どもの貧困Ⅱ 阿部　彩
性と法律 角田由紀子
ヘイト・スピーチとは何か◆ 師岡康子
生活保護から考える◆ 稲葉　剛
かつお節と日本人 宮内泰介・藤林　泰
家事労働ハラスメント 竹信三恵子
福島原発事故 県民健康管理調査の闇◆ 日野行介
電気料金はなぜ上がるのか◆ 朝日新聞経済部
おとなが育つ条件 柏木惠子
在日外国人〔第三版〕 田中　宏
まち再生の術語集 延藤安弘
震災日録 記憶を記録する◆ 森まゆみ
原発をつくらせない人びと 山秋　真
社会人の生き方◆ 暉峻淑子
構造災 科学技術社会に潜む危機 松本三和夫
家族という意志◆ 芹沢俊介
夢よりも深い覚醒へ◆ 大澤真幸
3・11 複合被災◆ 外岡秀俊
子どもの声を社会へ 桜井智恵子
就職とは何か◆ 森岡孝二
日本のデザイン 原　研哉
ポジティヴ・アクション 辻村みよ子
脱原子力社会へ◆ 長谷川公一
希望は絶望のど真ん中に むのたけじ
アスベスト 広がる被害 大島秀利
原発を終わらせる 石橋克彦編
日本の食糧が危ない 中村靖彦
希望のつくり方 玄田有史
生き方の不平等◆ 白波瀬佐和子
同性愛と異性愛 風間　孝・河口和也
新しい労働社会 濱口桂一郎
世代間連帯 上野千鶴子・辻元清美
子どもの貧困 阿部　彩
子どもへの性的虐待◆ 森田ゆり
反貧困 湯浅　誠
不可能性の時代 大澤真幸
地域の力 大江正章
少子社会日本 山田昌弘
「悩み」の正体 香山リカ
変えてゆく勇気◆ 上川あや
戦争で死ぬ、ということ 島本慈子
ルポ 改憲潮流 斎藤貴男
社会学入門 見田宗介
少年事件に取り組む 藤原正範
悪役レスラーは笑う◆ 森　達也
いまどきの「常識」◆ 香山リカ
働きすぎの時代◆ 森岡孝二
桜が創った「日本」 佐藤俊樹
生きる意味 上田紀行
社会起業家◆ 斎藤　槙

(2024.8) ◆は品切，電子書籍版あり．(D3)

岩波新書より

岩波新書より

社会

- 不適切保育はなぜ起こるのか　普光院亜紀
- なぜ難民を受け入れるのか　橋本直子
- 罪を犯した人々を支える　藤原正範
- 女性不況サバイバル　竹信三恵子
- パリの音楽サロン　青柳いづみこ
- 持続可能な発展の話　宮永健太郎
- 皮革とブランド 変化するファッション倫理　西村祐子
- 動物がくれる力 教育、福祉、そして人生　大塚敦子
- 政治と宗教　島薗進編
- 超デジタル世界　西垣通
- 現代カタストロフ論　金子勝・児玉龍彦
- 「移民国家」としての日本　宮島喬
- 迫りくる核リスク 〈核抑止〉を解体する　吉田文彦
- 記者がひもとく「少年」事件史　川名壮志
- 中国のデジタルイノベーション　小池政就
- これからの住まい　川崎直宏
- 検察審査会　デイビッド・T・ジョンソン・平山真理・福来寛
- ドキュメント〈アメリカ世〉の沖縄　宮城修
- 東京大空襲の戦後史　栗原俊雄
- 土地は誰のものか　五十嵐敬喜
- 民俗学入門　菊地暁
- 企業と経済を読み解く小説50　佐高信
- 視覚化する味覚　久野愛
- ロボットと人間 人とは何か　石黒浩
- ジョブ型雇用社会とは何か　濱口桂一郎
- 法医学者の使命 「人の死を生かす」ために　吉田謙一
- 異文化コミュニケーション学　鳥飼玖美子
- モダン語の世界へ　山室信一
- 時代を撃つノンフィクション100　佐高信
- 労働組合とは何か　木下武男
- プライバシーという権利　宮下紘
- 地域衰退　宮﨑雅人
- 江戸問答　田中優子・松岡正剛
- 広島平和記念資料館は問いかける　志賀賢治
- コロナ後の世界を生きる　村上陽一郎編
- リスクの正体　神里達博
- 紫外線の社会史　金凡性
- 「勤労青年」の教養文化史　福間良明
- 5G 次世代移動通信規格の可能性　森川博之
- 客室乗務員の誕生　山口誠
- 「孤独な育児」のない社会へ　榊原智子
- 放送の自由　川端和治
- 社会保障再考 〈地域〉で支える　菊池馨実
- 生きのびるマンション　山岡淳一郎
- 虐待死 なぜ起きるのか、どう防ぐか　川崎二三彦
- 平成時代◆　吉見俊哉

岩波新書新赤版一〇〇〇点に際して

ひとつの時代が終わったと言われて久しい。だが、その先にいかなる時代を展望するのか、私たちはその輪郭すら描きえていない。二〇世紀から持ち越した課題の多くは、未だ解決の緒を見つけることのできないままであり、二一世紀が新たに招きよせた問題も少なくない。グローバル資本主義の浸透、憎悪の連鎖、暴力の応酬——世界は混沌として深い不安の只中にある。

現代社会においては変化が常態となり、速さと新しさに絶対的な価値が与えられた。消費社会の深化と情報技術の革命は、種々の境界を無くし、人々の生活やコミュニケーションの様式を根底から変容させてきた。ライフスタイルは多様化し、一面では個人の生き方をそれぞれが選びとる時代が始まっている。同時に、新たな格差が生まれ、様々な次元での亀裂や分断が深まっている。社会や歴史に対する意識が揺らぎ、普遍的な理念に対する根本的な懐疑や、現実を変えることへの無力感がひそかに根を張りつつある。そして生きることに誰もが困難を覚える時代が到来している。

しかし、日常生活のそれぞれの場で、自由と民主主義を獲得し実践することを通じて、私たち自身がそうした閉塞を乗り超え、希望の時代の幕開けを告げてゆくことは不可能ではあるまい。そのために、いま求められていること——それは、個と個の間で開かれた対話を積み重ねながら、人間らしく生きることの条件について一人ひとりが粘り強く思考することではないか。その営みの糧となるものが、教養に外ならないと私たちは考える。歴史とは何か、よく生きるとはいかなることか、世界そして人間はどこへ向かうべきなのか——こうした根源的な問いとの格闘が、文化と知の厚みを作り出し、個人と社会を支える基盤としての教養となった。まさにそのような教養への道案内こそ、岩波新書が創刊以来、追求してきたことである。

岩波新書は、日中戦争下の一九三八年一一月に赤版として創刊された。創刊の辞は、道義の精神に則らない日本の行動を憂慮し、批判的精神と良心的行動の欠如を戒めつつ、現代人の現代的教養を刊行の目的とする、と謳っている。以後、青版、黄版、新赤版と装いを改めながら、合計二五〇〇点余りを世に問うてきた。そして、いままた新赤版が一〇〇〇点を迎えたのを機に、人間の理性と良心への信頼を再確認し、それに裏打ちされた文化を培っていく決意を込めて、新しい装丁のもとに再出発したいと思う。一冊一冊から吹き出す新風が一人でも多くの読者の許に届くこと、そして希望ある時代への想像力を豊かにかき立てることを切に願う。

（二〇〇六年四月）

三浦まり

1967年東京都生まれ．慶應義塾大学卒業，カリフォルニア大学バークレー校大学院修了．Ph.D.(政治学)．2021年，フランス政府より国家功労勲章シュバリエ受章．
現在―上智大学法学部教授
専攻―現代日本政治論，ジェンダーと政治
著書―『私たちの声を議会へ――代表制民主主義の再生』(岩波書店)，『社会への投資〈個人〉を支える〈つながり〉を築く』(編集，同)，『日本の女性議員――どうすれば増えるのか』(編集，朝日新聞出版)，『女性の参画が政治を変える――候補者均等法の活かし方』(共編，信山社)，『日本政治の第一歩』(共編，有斐閣)，『ジェンダー・クオータ――世界の女性議員はなぜ増えたのか』(共編，明石書店)など．

さらば，男性政治　岩波新書(新赤版)1955

2023年1月20日　第1刷発行
2024年10月4日　第4刷発行

著　者　三浦《みうら》まり

発行者　坂本政謙

発行所　株式会社　岩波書店
〒101-8002　東京都千代田区一ツ橋2-5-5
案内　03-5210-4000　営業部　03-5210-4111
https://www.iwanami.co.jp/

新書編集部 03-5210-4054
https://www.iwanami.co.jp/sin/

印刷・理想社　カバー・半七印刷　製本・中永製本

ISBN 978-4-00-431955-9　Printed in Japan

引用文献

第 1 章

市川房枝記念会女性と政治センター(2020)『女性参政資料集 2019 年版 全地方議会女性議員の現状』

エンロー，シンシア(2020)『バナナ・ビーチ・軍事基地――国際政治をジェンダーで読み解く』望戸愛果訳，人文書院

武田宏子(2019)「イギリスにおける女性議員の増加のプロセスとその要因」有限責任監査法人トーマツ(内閣府男女共同参画局委託事業)『諸外国における政治分野への女性の参画に関する調査研究報告書』20–49 頁

地域からジェンダー平等研究会「都道府県版ジェンダー・ギャップ指数 2022 年版」(https://digital.kyodonews.jp/gender2022/paid.html)

畠山勝太(2022)「グローバルなジェンダー指標から見た日本の中等教育とそれを取り巻く環境の課題」『学術の動向』27 巻 10 号，57–67 頁

馬渡剛(2010)『戦後日本の地方議会 1955–2008』ミネルヴァ書房

三浦まり，竹内明香(2022)「都道府県版ジェンダー・ギャップ指数(2022 年版)――算出方法と結果分析」上智大学経済学部 SOPHIA DISCUSSION PAPER SERIES, ERSS J22-2.

Bauer, Gretchen and Jennie E. Burnet (2013) "Gender Quotas, Democracy, and Women's Representation in Africa: Some Insights from Democratic Botswana and Autocratic Rwanda," *Women's Studies International Forum*, 41 (2): 103–112.

Center For American Women and Politics (https://cawp.rutgers.edu).

Childs, Sarah and Paul Webb (2012) *Sex, Gender, and Conservative Party: From Iron Lady to Kitten Heels*, Palgrave Macmillan.

France 24 "Women to Take More Than a Third of Seats in France's Parliament" (https://www.france24.com/en/20170619-france-elects-record-223-women-parliament-national-assembly-legislative-vote).

Matland, E. Richard and Donley T. Studlar (1996) "The Contagion of Women Candidates in Single-Member District and Proportional Representation Electoral Systems: Canada and Norway," *The Journal of Politics*, 58 (3): 707–733.

United Nations, Economic and Social Council (2020), E/CN.6/2021/3 (国連経済社会理事会).

引用文献

World Economic Forum (2021) *Global Gender Gap Report 2021.*

第 2 章

阿部彩「貧困統計ホームページ」(https://www.hinkonstat.net)
遠藤晶久，ウィリー・ジョウ(2019)『イデオロギーと日本政治——世代で異なる「保守」と「革新」』新泉社
大石亜希子(2019)「増大する育児休業給付金とその課題」『週刊社会保障』3029 号，44–49 頁
大沢真知子(2015)『女性はなぜ活躍できないのか』東洋経済新報社
大沢真理(2013)『生活保障のガバナンス——ジェンダーとお金の流れで読み解く』有斐閣
岡野八代(2021)「ケア／ジェンダー／民主主義」『世界』2022 年 1 月号，92–106 頁
落合恵美子(2004)『21 世紀家族へ——家族の戦後体制の見かた・超えかた 第 3 版』有斐閣
戒能民江(2022)「分断を超える「女性支援」へ——新法はこうしてつくられた」『世界』2022 年 8 月号，50–57 頁
戒能民江，堀千鶴子(2020)『婦人保護事業から女性支援法へ——困難に直面する女性を支える』信山社新書
酒井正，竹沢純子(2020)「雇用保険財政と育児休業給付」『社会保障研究』5 巻 1 号，18–37 頁
周燕飛(2019)『貧困専業主婦』新潮社
竹信三恵子(2013)『家事労働ハラスメント——生きづらさの根にあるもの』岩波新書
———(2022)「「夫セーフティネット」崩壊が突きつける過酷現実——働く女性を襲うコロナ禍の「沈黙の雇用危機」」『東洋経済 Online』2022 年 2 月 18 日(https://toyokeizai.net/articles/-/509194)
塚原久美(2022)『日本の中絶』ちくま新書
トロント，ジョアン・C(著)，岡野八代(訳・著)(2020)『ケアするのは誰か？——新しい民主主義のかたちへ』白澤社
藤田結子(2017)『ワンオペ育児——わかってほしい休めない日常』毎日新聞出版
フレイザー，ナンシー(2003)『中断された正義——「ポスト社会主義的」条件をめぐる批判的省察』仲正昌樹監訳，御茶の水書房
ホックシールド，アーリー(1990)『セカンド・シフト 第二の勤務——アメリカ 共働き革命のいま』田中和子訳，朝日新聞社
三浦まり(2015)『私たちの声を議会へ——代表制民主主義の再生』岩波書店

三成美保，笹沼朋子，立石直子，谷田川知恵(2019)『ジェンダー法学入門 第3版』法律文化社
宮本太郎(2021)『貧困・介護・育児の政治——ベーシックアセットの福祉国家へ』朝日新聞出版
山口一男(2017)『働き方の男女不平等——理論と実証分析』日本経済新聞出版社
山下泰子，矢澤澄子(監修)，国際女性の地位協会(編)(2018)『男女平等はどこまで進んだか——女性差別撤廃条約から考える』岩波ジュニア新書
Htun, Mala and S. Laurel Weldon (2018) *The Logics of Gender Justice: State Action on Women's Rights Around the World*, Cambridge University Press.
OECD (2021)「男女間賃金格差」(https://www.oecd.org/tokyo/statistics/gender-wage-gap-japanese-version.htm).
——— "SIGI" (https://www.genderindex.org).
World Bank Group (2021) *Women, Business, and the Law 2021.*
———(2022) *Women, Business, and the Law 2022.*
——— "Women, Business and the Law" (https://wbl.worldbank.org/en/wbl).

第3章

安藤優子(2022)『自民党の女性認識——「イエ中心主義」の政治指向』明石書店
井戸まさえ(2018)『ドキュメント 候補者たちの闘争——選挙とカネと政党』岩波書店
大木直子(2016)「政党による「女性活用」——県議会議員選挙を事例に」『生活社会科学研究』23号，1–15頁
大山七穂，国広陽子(2010)『地域社会における女性と政治』東海大学出版会
春日雅司(2016)『女性地方議員と地域社会の変貌——女性の政治参画を進めるために』晃洋書房
株式会社コーエイリサーチ＆コンサルティング(内閣府男女共同参画局委託事業)(2021)『女性の政治参画への障壁等に関する調査研究報告書』
錦光山雅子(2018)「赤ちゃん連れの議場入りはNG？熊本市議会規則の改正案が出た⇒子育て議員の思いは」『HUFFPOST』2018年2月22日(https://www.huffingtonpost.jp/2018/02/22/kumamotoassembry_a_23368102/)

引用文献

グッドマン，ダイアン・J.(2017)『真のダイバーシティをめざして――特権に無自覚なマジョリティのための社会的公正教育』出口真紀子監訳，田辺希久子訳，上智大学出版
公益財団法人未来工学研究所(文部科学省委託事業)(2020)『平成31年度次世代のライフプランニング教育推進事業 男女共同参画の推進に資する教員研修プログラムの開発に向けた調査研究報告書』
庄司香(2012)「日本の二大政党と政党候補者公募制度――自民党宮城県連の経験が示す制度のエボリューション」『学習院大学法学会雑誌』48巻1号，307–341頁
中北浩爾(2017)『自民党 「一強」の実像』中公新書
濱本真輔(2022)『日本の国会議員――政治改革後の限界と可能性』中公新書
濱本真輔，根元邦朗(2011)「個人中心の再選戦略とその有効性――選挙区活動は得票に結び付くのか？」『年報政治学』62巻2号，70–97頁
村松岐夫，伊藤光利(1986)『地方議員の研究――[日本的政治風土]の主役たち』日本経済新聞社
森まゆみ(2021)「コキン法以前」『学術の動向』26巻11号，7–8頁
山尾志桜里(2021)「選挙のプレッシャー，志失う政治家を多く見てきた」朝日新聞2021年10月15日
山田真裕(2016)『政治参加と民主政治』東京大学出版会
吉野孝，今村浩，谷藤悦史(編)(2001)『誰が政治家になるのか――候補者選びの国際比較』早稲田大学出版部
Burns, Nancy, Kay Lehman Schlozman, and Sidney Verba (2001) *The Private Roots of Public Action: Gender, Equality, and Political Participation*, Harvard University Press.
Fawcett Society (2018) *Strategies for Success: Women's Experiences of Selection and Election in UK Parliament.*
Fenno, F. Richard (1978) *Home Style: House Members in Their Districts*, Scott Foresman & Co.
IPU/UNDP (2012) *Global Parliamentary Report: The Changing Nature of Parliamentary Representation.*
Karpowizs, Christopher F. and Tali Mendelberg (2014) *The Silent Sex: Gender, Deliberation, and Institutions*, Princeton University Press.
Lawless, Jennifer L. and Richard L. Fox (2013) *Girls Just Wanna Not Run: The Gender Gap in Young Americans' Political Ambition*, Women & Politics Institute, American University.
Miura, Mari, Jackie F. Steele, and Ki-young Shin (2018) "Does 'Constitu-

ency Facetime' Exacerbate Male Dominance? Insights from Japan's Mixed-member Majoritarian Electoral System," Presented at the Annual Meeting of the International Political Science Association, Brisbane, Australia.

Norris, Pippa (1997) "The Puzzle of Constituency Service," *The Journal of Legislative Studies*, 3(2): 29–49.

Norris, Pippa and Joni Lovenduski (1995) *Political Recruitment: Gender, Race and Class in the British Parliament*, Cambridge University Press.

Norton, Philip (2013) *Parliament in British Politics*, 2nd ed., Red Globe Press.

第 4 章

岩本美砂子(2021)『百合子とたか子――女性政治リーダーの運命』岩波書店

大山礼子(2018)『政治を再建する，いくつかの方法――政治制度から考える』日本経済新聞出版社

大沢真知子(編著)，日本女子大学現代女性キャリア研究所(編)(2019)『なぜ女性管理職は少ないのか――女性の昇進を妨げる要因を考える』青弓社

株式会社コーエイリサーチ＆コンサルティング(内閣府男女共同参画局委託事業)(2021)『女性の政治参画への障壁等に関する調査研究報告書』(前掲第 3 章)

今後の町村議会のあり方と自治制度に関する研究会(2013)『町村議会議員の活動実態と意識――町村議会議員意識調査結果をふまえて』

佐藤文香(2021)「戦争と暴力――戦時性暴力と軍事化されたジェンダー秩序」蘭信三ほか編『「戦争と社会」という問い』岩波書店，45–66 頁

チャモロ＝プリミュジック，トマス『なぜ，「あんな男」ばかりがリーダーになるのか――傲慢と過信が評価される組織心理』藤井留美訳，実業之日本社，2020 年

辻由希(2013)「レジーム再編と女性首長――キャリアパスと政治的資源」『選挙研究』29 巻 2 号，90–102 頁

東洋経済オンライン編集部(2020)「地方議会議員の月給が高い」自治体ランキング『東洋経済 Online』2020 年 5 月 27 日(https://toyokeizai.net/articles/-/352556)(2019 年版「地方公務員給与実態調査」に基づく計算)

本間道子(2019)「性差を超えた新たなリーダーシップ構築を」大沢真知子編『なぜ女性管理職は少ないのか』113–162 頁

マン，ケイト(2019)『ひれふせ，女たち――ミソジニーの論理』小川芳範訳，慶應義塾大学出版会
Amanatullah, Emily T. and Catherine H. Tinsley (2013) "Punishing Female Negotiators for Asserting Too Much...or Not Enough: Exploring Why Advocacy Moderates Backlash against Assertive Female Negotiators," *Organizational Behavior and Human Decision Processes*, 120 (1): 110–122.
Beaudoux, Virginia García (2017) "Five Ways the Media Hurts Female Politicians—and How Journalists Everywhere Can Do Better," *The Conversation*, January 18, 2017 (https://theconversation.com/five-ways-the-media-hurts-female-politicians-and-how-journalists-everywhere-can-do-better-70771).
Brooks, Deborah Jordan (2013) *He Runs, She Runs: Why Gender Stereotypes Do Not Harm Women Candidates*, Princeton University Press.
Carli, Linda L. and Alice H. Eagly (2011) "Gender and Leadership," in *The Sage Handbook of Leadership*, edited by Alan Bryman et al., SAGE, 103–117.
Carlin, Diana B. and Kelly L. Winfrey (2009) "Have You Come a Long Way Baby? Hillary Clinton, Sarah Palin, and Sexism in the 2008 Campaign Coverage," *Communication Studies*, 60 (4): 326–343.
Chira, Susan (2017) "Mother Seeking Office Face More Voter Doubts Than Fathers," *The New York Times*, March 14, 2017.
Clance, Pauline Rose and Suzanne Ament Imes (1978) "Imposter Phenomenon in High Achieving Women: Dynamics and Therapeutic Intervention," *Psychotherapy Theory, Research and Practice*, 13 (3): 241–247.
Eagly, Alice H. and Steven J. Karau (2002) "Role Congruity Theory of Prejudice Toward Female Leaders," *Psychological Review*, 109 (3): 573–598.
Fawcett Society (2018) *Strategies for Success* (op. cit., chap. 3).
House of Commons, Women and Equalities Committee (2018) "Oral Evidence: Women in the House of Commons, HC 507," 21 November 2018.
IPU (2008) *Equality in Politics: A Survey of Women and Men in Parliaments*.
Jamieson, Kathleen Hall (1995) *Beyond the Double Bind: Women and Leadership*, Oxford University Press.
Johnson, Carol and Blair Williams (2020) "Gender and Political Leadership in a Time of COVID," *Politics and Gender*, 16 (4): 943–950.

Kage, Rieko, Frances M. Rosenbluth and Seiki Tanaka (2019) "What Explains Low Female Political Representation?: Evidence from Survey Experiments in Japan," *Politics & Gender*, 15(2): 285–309.

Lawless, Jennifer L. and Richard L. Fox (2012) *Men Rule: The Continued Under-Representation of Women in U. S. Politics*, Women and Politics Institute, School of Public Affairs.

LeBlanc, Robin M. (2010) *The Art of the Gut: Manhood, Power, and Ethics in Japanese Politics*, University of California Press.

Lemoine, G. James and Terry C. Blum (2021) "Servant Leadership, Leader Gender, and Team Gender Role: Testing a Female Advantage in a Cascading Model of Performance," *Personnel Psychology*, 74(1): 3–28.

O'Malley, Katie (2019) "Nicola Sturgeon Says She 'Absolutely' Suffers from 'Imposter Syndrome'," *Independent*, 15 May 2019 (https://www.independent.co.uk/life-style/women/nicola-sturgeon-imposter-syndrome-snp-leader-women-a8914871.html).

Ono, Yoshikuni and Masahiro Yamada (2018) "Do Voters Prefer Gender Stereotypic Candidates? Evidence from a Conjoint Survey Experiment in Japan," *RIETI Discussion Paper Series 18-E-039*.

Otago Daily Times (2020) "Jacinda Ardern receives activist award, opens up about sexism, impostor syndrome," 2 December 2020 (https://www.odt.co.nz/star-news/star-national/jacinda-ardern-receives-activist-award-opens-about-sexism-impostor-syndrome).

第5章

伊藤公雄(2018)「剝奪(感)の男性化 Masculinization of deprivation をめぐって――産業構造と労働形態の変容の只中で」『日本労働研究雑誌』699号，63–76頁

上野千鶴子(2018)『女ぎらい――ニッポンのミソジニー』朝日文庫

江原由美子(1981/2021)「からかいの政治学」『増補 女性解放という思想』ちくま学芸文庫，238–263頁

海妻径子(2004)「対抗文化としての〈反「フェミナチ」〉――日本における男性の周縁化とバックラッシュ」『インパクション』147号，56–65頁

株式会社コーエイリサーチ＆コンサルティング(内閣府男女共同参画局委託事業)(2021)『女性の政治参画への障壁等に関する調査研究報告書』(前掲第3章)

議会のいじめ調査プロジェクト・チーム(編著)(2022)『女性議員を増やす・支える・拡げる――議会におけるいじめ・ハラスメント調査

報告書』全国フェミニスト議員連盟
小林敦子(2015)『ジェンダー・ハラスメントに関する心理学的研究——就業女性に期待する「女性らしさ」の弊害』風間書房
斉藤正美(2017)「経済政策と連動する官製婚活」本田由紀，伊藤公雄編著『国家がなぜ家族に干渉するのか——法案・政策の背後にあるもの』青弓社，87–120頁
申琪榮(2019)「性化された権力——#MeToo運動が明らかにしたハラスメントの実態と変革の可能性」『女性労働研究』第63号，43–65頁
———(2020)「「慰安婦」問題の超国家性と記憶の「グローカル」化」『思想』2020年4月号，65–84頁
———(2021)「セクシュアルハラスメントの理論的展開——4つの害アプローチ(Four-harms approach)」『社会政策』38号，19–34頁
申琪榮，濵田真里(2019)「女性議員に対するオンラインハラスメント——首都圏の女性地方議員の事例を手がかりに」『生活経済政策』291号，19–23頁
杉田俊介(2019)「ラディカル・メンズリブのために」『現代思想』2019年2月号，105–116頁
竹下郁子(2019)「女性政治家，SNS脅迫告訴から1年も「捜査の進展なし」．問われるツイッター社の責任」『BUSINESS INSIDER』2019年9月2日(https://www.businessinsider.jp/post-197769)
中野晃一(2015)『右傾化する日本政治』岩波新書
中野円佳(2018)『上司の「いじり」が許せない』講談社現代新書
西山千恵子，柘植あづみ(編著)(2017)『文科省／高校「妊活」教材の嘘』論創社
本田由紀(2017)「なぜ家族に焦点が当てられるのか」『国家がなぜ家族に干渉するのか』7–24頁
本間道子(2019)「性差を超えた新たなリーダーシップ構築を」『なぜ女性管理職は少ないのか』(前掲第4章)113–162頁
マン，ケイト(2019)『ひれふせ，女たち』(前掲第4章)
三浦まり(2015)「新自由主義的母性——「女性の活躍」政策の矛盾」『ジェンダー研究』18号，53–68頁
———(2020)「「就活セクハラ」のジェンダー権力分析」『法学セミナー』65巻10号，18–25頁
———(2022)「「ケアの危機」——新自由主義的母性の新展開」『年報政治学』2022–I号，96–118頁
三浦まり，大倉沙江，江藤俊昭(2022)「議会ハラスメントの現在——アンケート・ヒアリング調査の結果から」『地方議会人』2022年2

月号，34–36 頁
皆川満寿美(2016)「政策を読み解く(10) 2つの「本部」について」『女性展望』679 号，2–5 頁
山口智美，能川元一，テッサ・モーリス＝スズキ，小山エミ(2016)『海を渡る「慰安婦」問題——右派の「歴史戦」を問う』岩波書店
梁永山聡子(編)(2021)『右傾化・女性蔑視・差別の日本の「おじさん」政治』くんぷる
Dalton, Emma (2017) "Sexual Harassment of Women Politicians in Japan," *Journal of Gender-Based Violence*, 1 (2) : 205–219.
Ging, Dabbie (2019) "Alphas, Betas, and Incels: Theorizing the Masculinities of the Manosphere," *Men and Masculinities*, 22 (4) : 638–657.
Fuchs, Tamara and Fabian Schäfer (2021) "Normalizing Misogyny: Hate Speech and Verbal Abuse of Female Politicians on Japanese Twitter," *Japan Forum*, 3 (4) : 553–579.
IPU (2016) "Sexism, Harassment and Violence against Women Parliamentarians" (https://www.ipu.org/resources/publications/issue-briefs/2016-10/sexism-harassment-and-violence-against-women-parliamentarians).
Krook, Mona Lena (2020) *Violence Against Women in Politics*, Oxford University Press.
National Democratic Institute (2019) *Tweets That Chill: Analyzing Online Violence Against Women in Politics* (https://www.ndi.org/tweets-that-chill).
Schultz, Vicki (2018) "Reconceptualizing Sexual Harassment, Again," *The Yale Law Journal*, 128 (https://www.yalelawjournal.org/forum/reconceptualizing-sexual-harassment-again).
Swim, Janet. K., K. J. Aikin, W. S. Hall, and B. A. Hunter (1995) "Sexism and Racism: Old-Fashioned and Modern Prejudices," *Journal of Personality and Social Psychology*, 68 (2) : 199–214.
OECD (2021) "Man Enough? Measuring Masculine Norms to Promote Women's Empowerment" (https://doi.org/10.1787/6ffd1936-en).
Zippel, Kathrin S. (2006) *The Politics of Sexual Harassment: A Comparative Study of the United States, the European Union, and Germany*, Cambridge University Press.
Winter, Nicholas J. G. (2022) "Hostile Sexism, Benevolent Sexism, and American Elections," *Politics & Gender*, 1–30.

第 6 章

アイ・シー・ネット株式会社（内閣府男女共同参画局委託事業）(2020)『令和元年度 諸外国における政治分野への女性の参画に関する調査研究報告書』

大山礼子(2018)『政治を再建する，いくつかの方法』（前掲第 4 章）

かながわ男女共同参画センター(2017)『調査報告書「政策・方針決定過程への女性の参画を進めるために（その 2）――議員アンケート調査結果と男性有識者意見」』(https://www.pref.kanagawa.jp/docs/x2t/pub/p1106429.html)

株式会社コーエイリサーチ＆コンサルティング（内閣府男女共同参画局委託事業）(2021)『女性の政治参画への障壁等に関する調査研究報告書』（前掲第 3 章）

河野銀子（編著）(2017)『女性校長はなぜ増えないのか――管理職養成システム改革の課題』勁草書房

カンター，ロザベス・モス(1995)『企業のなかの男と女――女性が増えれば職場が変わる』高井葉子訳，生産性出版，〔抄訳〕

三浦まり(2018)「アクターの連携が生んだ「市民立法」――候補者男女均等法への歩みとこの先」『Journalism』2018 年 8 月号，20–28 頁，『論座』(2018 年 8 月 27 日）に再掲(https://webronza.asahi.com/journalism/articles/2018081300006.html)

――(2021a)「クオータの取扱説明書《トリセツ》――なぜ候補者を女性に割り当てるのか」『世界』2021 年 7 月号，172–181 頁

――(2021b)「地方議会の女性参画をどのように進めるか？――政治分野における男女共同参画推進法における地方議会の責務と役割」『自治体法務研究』2021 年冬号，51–55 頁

――(2022a)「議会のいじめ・ハラスメントはなぜ起きるのか，どうやって防ぐのか」議会のいじめ調査プロジェクト・チーム編著『女性議員を増やす・支える・拡げる』（前掲第 5 章）51–54 頁

――(2022b)「地方議会におけるハラスメント研修をどう進めるか？」『地方議会人』11 月号，36–39 頁

三浦まり，衛藤幹子（編著）(2014)『ジェンダー・クオータ――世界の女性議員はなぜ増えたのか』明石書店

三浦まり，申きよん(2019)「女性政治リーダーをどう育てるか？――政治分野における男女共同参画推進法の活かし方」『都市問題』2019 年 1 月号，83–91 頁

三浦まり，ケネス・盛・マッケルウェイン，金子智樹(2021)「コラム クオータの支持傾向に関する調査報告」

有限責任監査法人トーマツ（内閣府男女共同参画局委託事業）(2019)

『諸外国における政治分野への女性の参画に関する調査研究報告書』

Allen, Peter, David Cutts and Rosie Campbell (2014) "Measuring the Quality of Politicians Elected by Gender Quotas—Are They Any Different?" *Political Studies*, 64 (1): 143–163.

Beauregard, Katrine and Jill Sheppard (2021) "Antiwomen But Proquota: Disaggregating Sexism and Support for Gender Quota Policies," *Political Psychology*, 42 (2): 219–237.

Childs, Sarah and Mona Lena Krook (2012) "Labels and Mandates in the United Kingdom," in *The Impact of Gender Quotas*, edited by Susan Franceschet, Mona Lena Krook and Jennifer M. Pispoco, Oxford University Press, pp. 89–102.

Gender Quotas Database (https://www.idea.int/data-tools/data/gender-quotas).

Huang, Chang-Ling (2016) "Reserved for Whom? The Electoral Impact of Gender Quotas in Taiwan," *Pacific Affairs*, 89 (2): 325–343.

Murray, Rainbow (2010) "Second among Unequals? A Study of Whether France's 'Quota Women' Are Up to the Job," *Politics & Gender*, 6 (1): 93–118.

Nugent, Mary K. and Mona Lena Krook (2016) "All-Women Shortlists: Myths and Realities," *Parliamentary Affairs*, 69 (1): 115–135.

O'Brien, Diana. Z. (2012) "Quotas and Qualifications in Uganda," in *The Impact of Gender Quotas*, pp. 57–71.

Pereira, Frederico Batista and Nathália F. F. Porto (2020) "Gender Attitudes and Public Opinion Towards Electoral Gender Quotas in Brazil," *Political Psychology*, 41 (5): 887–899.

＊第6章において，候補者均等法についての解説は三浦(2021b)に大幅に加筆・修正したものである．また，小見出し「クオータ反対論への反論」以下は三浦まり(2021a)を，「誰がクオータを支持するのか」以下は三浦，マッケルウェイン，金子(2021)をもとに加筆・修正を行った．

第7章

天野正子(2012)『現代「生活者」論——つながる力を育てる社会へ』有志舎

稲葉奈々子(2021)「「自助」奪われた非正規滞在外国人——支えは共感，その可能性と限界」『Journalism』2021年12月号，22–27頁，『論座』(2021年12月29日)に再掲(https://webronza.asahi.com/

journalism/articles/2021122300006.html)
岩本美砂子(1997)「女のいない政治過程――日本の 55 年体制における政策決定を中心に」『女性学』5 号，8–39 頁
大井赤亥(2020)『武器としての政治思想――リベラル・左派ポピュリズム・公正なグローバリズム』青土社
大沢真理(2013)『生活保障のガバナンス』(前掲第 2 章)
―――(2015)「日本の社会政策は就業や育児を罰している」『家族社会学研究』27 巻 1 号，24–35 頁
大山七穂(2019)「女性議員は自治体議会を変えるか――女性議員の増加に期待して」『都市問題』110 巻 1 号，54–63 頁
―――(2016)「女性議員と男性議員は何が違うのか」三浦まり編著『日本の女性議員』217–270 頁
大山七穂，国広陽子(2010)『地域社会における女性と政治』(前掲第 3 章)
海妻径子(2018a)「安倍政権期における軍事強硬主義的女性閣僚増加の構造」『女たちの 21 世紀』96 号，15–20 頁
―――(2018b)「フェミニズムの姉妹，保守とリベラルのキマイラ――軍事強硬主義的女性保守政治家の支持獲得構造とイメージ機能」『現代思想』2018 年 2 月号，135–149 頁
株式会社コーエイリサーチ＆コンサルティング(内閣府男女共同参画局委託事業)(2021)『女性の政治参画への障壁等に関する調査研究報告書』(前掲第 3 章)
神谷悠一(2022)『差別は思いやりでは解決しない――ジェンダーや LGBTQ から考える』集英社新書
クローズアップ現代(2019)「性暴力を考える vol. 21 北原みのりさんに聞く！ フラワーデモのいま」(https://www.nhk.or.jp/gendai/kiji/171/)
齋藤純一(2020)『政治と複数性――民主的な公共性にむけて』岩波現代文庫
篠原一(編著)(1985)『ライブリー・ポリティクス――生活主体の新しい政治スタイルを求めて』総合労働研究所
進藤久美子(2004)『ジェンダーで読む日本政治――歴史と政策』有斐閣
武田宏子(2019)「政治課題としての日常生活」田村哲樹編『日常生活と政治――国家中心的政治像の再検討』岩波書店，114–138 頁
フラワーデモ(編)(2020)『フワラーデモを記録する』エトセトラブックス
三浦まり(2015)『私たちの声を議会へ』(前掲第 2 章)

―――(編著)(2016)『日本の女性議員――どうすれば増えるのか』朝日新聞出版
宮本太郎(2021)『貧困・介護・育児の政治』(前掲第 2 章)
元橋利恵(2021)『母性の抑圧と抵抗――ケアの倫理を通して考える戦略的母性主義』晃洋書房
吉澤夏子(1993)『フェミニズムの困難――どういう社会が平等な社会か』勁草書房
ルブラン，ロビン(2012)『バイシクル・シティズン――「政治」を拒否する日本の主婦』尾内隆之訳，勁草書房
早稲田大学マニフェスト研究所(2012)「議会改革度調査 2012 調査結果報告①」(http://www.maniken.jp/gikai/date/2012kekka01.pdf)
渡辺順子(2022)「男女同数議会誕生に立ち会って――これまでの議員生活を振り返る」『地方議会人』2022 年 7 月号，36–39 頁
Burns, Nancy, Kay Lehman Schlozman and Sidney Verba (2001) *The Private Roots of Public Action: Gender, Equality, and Political Participation*, Harvard University Press.
Childs, Sarah and Mona Lena Krook (2009) "Analyzing Women's Substantive Representation: From Critical Mass to Critical Actors," *Government and Opposition* 44 (2): 125–145.
Farris, Sarah. E. (2017) *In the Name of Women's Rights: The Rise of Femonationalism*, Duke University Press.
Global Institute for Women's Leadership (2018) *Women Political Leaders: the Impact of Gender on Democracy* (https://www.kcl.ac.uk/giwl/research/women-political-leaders-the-impact-of-gender-on-democracy).
Messerschmidt, James W. (2021) "Donald Trump, Dominating Masculine, Necropolitics, and COVID–19," *Men and Masculinities*, 24 (1): 189–194.
Miura, Mari (2021) "Flowers for Sexual Assault Victims: Collective Empowerment through Empathy in Japan's #MeToo Movement," *Politics & Gender*, 17 (4): 521–527.
Wolbrecht, Christina and David E. Campbell (2017) "Role Models Revisited: Youth, Novelty, and the Impact of Female Candidates," *Politics, Groups, and Identities*, 5 (3): 418–434.

＊本書は科研費(18H00817)の助成による研究成果の一部である．